Wolfgang Günter Lerch
Denker des Propheten

SERIE
PIPER

Zu diesem Buch

Daß der Islam im Verlauf seiner Geschichte eine glänzende Kultur hervorgebracht hat, ist zwar bekannt, wird
aber heute oft übersehen. Hierzu gehört, neben Poesie
und Wissenschaft, auch die Philosophie. Die großen Philosophen des Islam, die »Denker des Propheten«, verdienen es, im gleichen Atemzug mit den großen Philosophen
des Abendlandes genannt zu werden. In der Tradition, die
sie begründeten, begegnen die Menschen des »christlichen« Westens wie in einem Spiegel Fragen und Antworten, die sie oftmals später stellten als die Muslime, von
denen sie aber möglicherweise noch immer beunruhigt
werden. Und gerade in einer Zeit, da oft genug der vielbeschworene Fundamentalismus und Islamismus eine geistige Weiterentwicklung zu hemmen scheint, ist es besonders notwendig, an die große rationalistische Tradition des
Islam zu erinnern.

Wolfgang Günter Lerch, geboren 1946, studierte Germani-
stik, Philosophie, Islamkunde und Religionswissenschaft
und unternahm zahlreiche Reisen in den Vorderen und
Mittleren Orient. Heute arbeitet er als Redakteur der
»Frankfurter Allgemeinen Zeitung«, wo er für den Nahen
Osten und Nordafrika zuständig ist. Er ist Autor mehrerer
Bücher.

Wolfgang Günter Lerch
Denker des Propheten

Die Philosophie des Islam

Piper München Zürich

Ungekürzte Taschenbuchausgabe
Piper Verlag GmbH, München
September 2002
© 2000 Patmos Verlag, Düsseldorf
Umschlag / Bildredaktion: Büro Hamburg
Isabel Bünermann, Julia Martinez, Charlotte Wippermann
Foto Umschlagvorderseite: Albert Watson / Elizabeth Watson Inc.
Foto Umschlagrückseite: Barbara Klemm
Satz: Froitzheim, Bonn
Druck und Bindung: Clausen & Bosse, Leck
Printed in Germany   ISBN 3-492-23412-7

www.piper.de

*»Wenn je eine Religion in der Welt
von ihren Widersachern verachtet
und verlästert worden ist, so ist
es die mohammedanische gewesen...«*

(Adrian Reland, De religione
Mohammedica, Utrecht 1705)

*»In heaven an angel doth dwell
whose heart strings are a lute,
none sing so wildly well
as the angel Israfel...«*

(Edgar Allan Poe, Israfel)

INHALTSVERZEICHNIS

EINLEITUNG

»Im Namen Gottes, des allbarmherzigen Erbarmers!« Mit diesem berühmten Satz, der sogenannten »Basmala«, die auch am Anfang fast aller Suren des Korans, des heiligen Buches des Islams, geschrieben steht, beginnen bis heute muslimische Wissenschaftler und Autoren ihre oft umfangreichen Werke. Dem folgt üblicherweise der Lobpreis des Propheten Muhammad, seiner Familie und seiner Gefährten. Erst dann beginnt der Autor mit der Wendung »Aber nun zur Sache...« den eigentlichen Text seines Werkes. So war es vor mehr als tausend Jahren, und so ist es oft auch heute noch. Alles praktische Tun und Trachten der Muslime, auch die scheinbar trivialen Verrichtungen des Alltags, erst recht aber alles Schreiben und Forschen zu höherer Kultur stehen unter dem Zeichen Gottes (Allahs) und seines Propheten.

Daß der Islam eine Weltreligion ist, die eine vormals glänzende Kultur und Zivilisation hervorgebracht hat, ist mittlerweile weiten Kreisen im Westen bekannt. Die westliche Kultur des christlichen »Abendlandes« hat nicht nur in ihrem eigenen Mittelalter, sondern vor allem seit der Aufklärung und der Goethe-Zeit vom islamischen Orient vieles erfahren und auch manches gelernt. Die Bewegung der europäischen Aufklärung, die sich in England, Frankreich und Deutschland am deutlichsten ausprägte, brachte auch die Entstehung der wissenschaftlichen Orientkunde, der Islamkunde und Orientalistik. Man begann damals mit gelehrten Studien, bei denen religiöse Präferenzen weniger eine Rolle spielten als in den Jahrhunderten zuvor, in denen die Theologie noch alle Gebiete und Felder des geistigen Lebens beherrscht hatte. Erwähnt seien stellvertretend für viele andere die Namen von Johann Jakob Reiske (1716–1774), Sylvestre de Sacy (1758–1838), Etienne Quatremère (1782–1852), Heinrich Leberecht Fleischer (1801–1888), Ignaz Goldziher (1850–1921), in denen wir große Pioniere der Wissenschaft vom islamischen Orient verehren. In besonders günstigen Fällen kam es – wie etwa bei Goethe (1749–1832) und seinem »West-östlichen Divan« – zu einer kongenialen Anverwandlung orientalischer Dichtung, ihrer Inhalte wie ihrer Formen. Genannt seien da auch August Graf von Platen (1796–1835), Friedrich Rückert (1788–1866) und andere Anhänger der orientalisierenden Sprachkunst, die Freude fanden am kunstvollen, ja oft vertrackten Formenschatz von Kasside und Ghasel oder anderen Formen und Gattungen der orientalischen Verskunst, die sie ins Deutsche transponierten. Bei Rückert kam, anders als bei Platen, hinzu, daß er als Orientalist auch ein Mann vom Fach war, nicht nur Dichter. Daß der islamische Orient auf dem Felde der Dichtkunst dem Westen gleichwertig, wenn nicht überlegen gewesen sei, war eine Erkenntnis, die zu Zeiten eines Johann Gottfried Herder (1742–1803) oder Johann Georg Hamann, des »Magus des Nordens« (1730–1788), als man die Poesie noch als »Muttersprache des Menschengeschlechts« definierte, den Gebildeten in Europa nur geringe Schwierigkeiten bereitet hätte.

Anders stand es mit dem systematischen Denken, der Philosophie. Daß der islamische Orient hier irgendetwas geleistet habe, was der Rede wert sei, galt noch einem Hegel (1770–1831) als unvorstellbar. Die dürren Worte, die er in seinen »Vorlesungen zur Geschichte der Philosophie« für den Islam findet, sprechen eine beredte Sprache. Es zeigt sich das Vorurteil der Epoche – Vorurteil hier einmal richtig gebraucht: als Urteil »vor jeder Erfahrung«, sozusagen a priori. In der zweiten Hälfte des 19. und in der ersten Hälfte des 20. Jahrhunderts setzte sich immerhin die Erkenntnis durch, daß islamische Autoren »das Erbe der Antike« auch auf dem Gebiet der Philosophie an den Westen überliefert haben. Das war schon etwas, wenn auch zu wenig. Neben Orientalisten wie Ernest Renan (1821–1893), Max Horten, Titzje de Boer (siehe Literaturverzeichnis) und anderen waren es auch christliche Historiker der mittelalterlichen Philosophie, der Scholastik vor allem, die sich plötzlich mit den Schriften eines Avicenna, Averroes, Algazel und Abubacer – so die lateinischen, aus dem Mittelalter überkommenen Bezeichnungen einiger dieser islamischen Philosophen – konfrontiert sahen, zumindest am Rande ihres historisch-kritischen Wirkens. Gelehrte wie Etienne Gilson (1884–1978) in Frankreich oder Martin Grabmann (1875–1949) in Deutschland wandten sich dieser Tradition aus Gründen zu, die auch mit einer Wiederbelebung des katholischen Denkens (»renouveau catholique«) in Teilen Europas zu tun hatten. Man sprach damals viel von der Neu-Scholastik und dem Neu-Thomismus, das heißt der Wiederbelebung und Aktualisierung der Philosophie des Thomas von Aquin (1224–1274), und untersuchte in diesem Zusammenhang, auf welche Weise die Schriften des Aristoteles und auch Platons aus dem islamischen Kulturkreis über Spanien und die Übersetzerschule von Toledo oder aber über das Sizilien Friedrichs II. (1194–1250), des berühmten Stauferkaisers, in den christlichen eingedrungen sind. Von einer eigenständigen Philosophie im Islam war indes noch immer kaum die Rede, sondern nur von einer – wenn auch verdienstvollen – arabischen Vermittlung des antiken philosophischen Erbes an das aufstrebende Europa.

Heute ist es jedoch gerechtfertigt, von einem entwickelten philosophischen Denken auch im Islam zu sprechen. Die DENKER DES PROPHETEN, so wollen wir sie fortan nennen, verdienen es, im gleichen Atemzug mit den großen Philosophen des Westens, des Abendlandes, genannt zu werden. Die Tradition, die sie begründeten, ist zwar in manchen Punkten noch immer nur in Umrissen bekannt; es gibt auf diesem Felde noch vieles zu tun, und viele Texte sind wohl unwiederbringlich verloren. Doch zeichnet sich immerhin ab, daß es sich lohnt, über den Tatbestand einer bloßen Vermittlung von Inhalten hinaus sich auch mit den Ideen der Denker des Propheten selbst zu beschäftigen. Die Menschen des »christlichen« Westens begegnen hier zudem wie in einem Spiegel Fragen und Antworten, die sie oftmals später stellten als die Muslime, von denen sie aber möglicherweise noch immer beunruhigt werden. Und beantwortet haben sie diese Fragen so wenig, wie die Muslime es konnten.

Doch auch für die Muslime ist diese Tradition in gewisser Weise zwiespältig: Einerseits führen sie sie voller Stolz im Munde, wenn sie sich in apologetischer Absicht vom Westen und seiner als Bevormundung empfundenen politischen, ökonomischen und kulturellen Übermacht absetzen und ihre Eigenständigkeit als Religion und Kultur hervorheben wollen. Andererseits sind vielen von ihnen die »Denker des Propheten«, die zur Zeit der großen Kalifen wirkten, durchaus suspekt, ja geradezu unheimlich. Waren sie wirklich alle orthodox? Waren sie überhaupt noch Muslime oder doch schon auf dem Weg zum Unglauben (*kufr*)? Wirkt das philosophische Denken denn nicht insgesamt zerstörerisch auf den Glauben? Daß die Philosophen die Alltagsruhe der Menschen stören, sei es in der Wissenschaft oder in der Theologie, sei es bei Fragen des sogenannten gesunden Menschenverstandes oder auf anderen Gebieten von Meinung und Überzeugung, ist ja nur zu wahr. Warum sonst hätte man jemals Philosophen vergiftet, verbrannt, gehenkt, ihre Schriften vernichtet, wie das gar nicht so selten geschehen ist? Auch im Islam waren solche Phänomene nicht gänzlich unbekannt, wenn auch seltener als in der christlichen Welt.

Indes: Gerade in einem Zeitalter, da öde und oft unterdrückerische Buchstaben-Frömmigkeit – der heute so vielbeschworene »Fundamentalismus« und Islamismus – eine geistige Weiterentwicklung zu hemmen scheint, ist es nötig, an die große rationalistische Tradition des Islams zu erinnern. Die Muslime verkürzen und verstümmeln ihre eigene Religion (und damit Kultur), wenn sie sie auf Gesetzesfrömmigkeit alleine festlegen. Sie tun das in der mit Gewißheit falschen Überzeugung, daß ein krampfhaftes Fernhalten der Kritik die Gläubigen für immer und ewig bei der Stange halten werde. Die Erfahrungen mit der Globalisierung, die keineswegs nur eine wirtschaftliche, sondern auch eine geistige ist, lehren heute – sieht man nur genauer hin – das Gegenteil.

Ausnahmslos alle Denker des Propheten haben ihre Traktate mit der »Basmala« eingeleitet: »Im Namen Gottes, des allbarmherzigen Erbarmers!« Schon dies zeigt ihre feste Verwurzelung im Islam. Oder will man ihnen pauschal Heuchelei und clevere Mimikry unterstellen? Das widerspräche ihrer strikten Auffassung von der Wahrheit und ihrer Hingabe an sie, mag auch hier und da eine geschickte, manchmal durchaus lebensrettende Anpassung an orthodoxe Meinungen vorgekommen ein. Was sie indes von anderen Muslimen unterschied, war ihr Wille, den Dingen und Ursachen mit dem Verstand »auf den Grund« zu gehen. Sie strebten im allgemeinen nach einer Auffassung vom Glauben, die auch der Verstand gutheißen konnte. Sie wollten die Glaubenswahrheiten mit dem Verstand durchdringen, ein Unterfangen, zu dem der Koran, recht verstanden, die Gläubigen sogar selbst auffordert. Denn wenn »kein Zwang sein soll im Glauben«, wie es in Sure 2, Vers 257 so knapp, aber normativ heißt, ist ja auch der Verstand gefragt. Es sind denn auch nur ganz wenige Philosophen im Islam gewesen, die sich ausdrücklich gegen die Offenbarung gewandt haben.

Die hier in einer Art »Stundenbüchlein« kurz vorgestellten »Denker des Propheten« sollen einen leicht faßlichen Einblick geben in jene Fragen und Themenbereiche, welche die Muslime im besonderen Zusammenhang mit ihrer religiös geprägten Kultur vor tausend Jahren bewegten und noch heute bewegen. Besonders gilt das für das Feld der Metaphysik, das hier fast ausschließlich berücksichtigt worden ist. Das Buch richtet sich nicht an den Fachgelehrten, sondern an den interessierten Laien, der nicht über Spezialkenntnisse in der Philosophie verfügt, sich aber für weltanschauliche und kulturhistorisch übergreifende Fragen interessiert. Darüber hinaus könnte es bei manchem Leser dazu dienen, sich einmal auch mit dem gar nicht so eindimensionalen Denken des eigenen, des christlichen Mittelalters zu beschäftigen. Das ist spannender, als man denkt, gehört doch zu den jüngsten Ergebnissen der Forschung die Einsicht, daß schon im 13. Jahrhundert die ersten Keime der europäischen Aufklärung gesät wuren. Zu den Gemeinsamkeiten zwischen dem islamischen und dem christlichen Denken im Mittelalter gehört zum Beispiel die große Mobilität der Denker, die durch die Einheitlichkeit des religiösen Raumes gefördert wurde. Ihm gegenüber traten Geographie oder Grenzen zurück. Ein Mann wie Ibn Sina wurde bei Buchara geboren und beschloß sein Leben in Hamadan. Ibn al-Arabi stammte aus Spanien (al-Andalus) und starb nach langen Reisen in Damaskus. Ibn Khaldun kam aus Tunis, reiste nach Andalus und in den Maghrib, vollendete sein Leben jedoch als Kadi in Kairo. Dies entspricht der Mobilität eines Thomas von Aquin, Anselm von Canterbury und vieler anderer, die sich ebenfalls in einem recht geschlossenen, durch das Latein der Gelehrten kommunikablen Kulturraum der Christenheit bewegen konnten. Für die Muslime nahm das Arabische als Sprache der Gelehrsamkeit diesen Rang ein. Eine Karte am Schluß des Buches soll den großen geographischen Aktionsradius der Denker des Propheten, den »Raum des Denkens« innerhalb einer universalistischen Kultur zeigen, er reicht von Spanien bis nach Mittelasien – mit gewissen Zentren und Ballungen zwischen dem Nil und dem Tigris einerseits, zwischen Westiran und dem Fluß Amu Darya (dem Oxus der Alten) andererseits. Hinzu kam das maurische Spanien.

Die Gebiete der Ethik und der Ästhetik abzuhandeln, wäre ebenfalls eine reizvolle, wenn auch wohl viel zu umfassende Aufgabe gewesen, ebenso die politischen Entwürfe, die bei einigen Denkern nur am Rande gestreift werden. So tauchen einige Philosophen, wie etwa Ibn Maskawaih (gest. 1030), in der folgenden Darstellung gar nicht auf. Der Leser wird hingegen bald bemerken, daß die islamische Mystik relativ breiten Raum beansprucht. Dies hat mehr sachliche denn persönliche Gründe. Bis auf einige wenige Denker des Propheten sind nämlich die meisten durch die Mystik nicht unbeeinflußt geblieben.

Man muß sich hier klarmachen, daß Rationalismus nicht nur in der Antike, sondern erst recht im Mittelalter und auch noch bis in die Neuzeit hinein bei vielen Denkern nicht identisch gewesen ist mit jenem kausalen rechenhaften Denken, das wir heute darunter verstehen, das heißt mit dem bloßen Intellektualismus logischer Verknüpfung und Analyse. Der Intellekt wurde hingegen auch als eine Fähigkeit zur Schau der Wahrheit (*theoria*) aufgefaßt, als ein buchstäbliches »Licht« des Geistes, das die zu erkennenden Gegenstände erhellt. In diesem Zusammenhang erhält auch das Wort »Aufklärung« (*enlightenment*, Erleuchtung, Anzünden eines Lichts, das Erkenntnis möglich macht) eine etwas andere Bedeutung. Der philosophische Reduktionismus ist ein recht junger Sproß vornehmlich des westlichen Philosophierens, das sich in das Fahrwasser der positivistischen Naturwissenschaft begeben hat, wo es ihr Sklave wurde. Die Mystik ist im Islam aber auch deshalb wichtig, weil seine Kultur, besonders der Volksislam, bis heute mit und von ihr durchdrungen ist. Vollständigkeit ist jedoch auch hier nicht beabsichtigt, weshalb das Manuskript auch den recht unbestimmten Titel »Die Philosophie des Islam« trägt, nicht mehr. Der aufmerksame Leser kann darüber hinaus vielleicht entdecken, zu welchen philosophischen Ansichten der Autor selbst, jenseits des Dargestellten, neigt.

Wir wollen die Philosophen im Islam jedoch – so weit das ohne Verbiegungen geht – auch wie in einem kulturellen Prisma betrachten, das heißt gebrochen oder gespiegelt durch den Hintergrund der großen abendländischen Denker, Traditionen und Fragestellungen. Man könnte auch den

Vergleich mit einem Palimpsest wählen: Je mehr man sich den Denkern im Islam widmet, die Konturen ihrer Persönlichkeit und ihrer wichtigsten Gedanken freilegt, desto stärker kommen die Umrisse abendländischen Denkens und mancher seiner Vertreter zum Vorschein. Seit Jahrtausenden wird nämlich sozusagen in den verschiedenen Kulturen parallel gedacht. Man wird dabei recht bald bemerken, wie sich die Dinge gleichen, ohne immer ganz gleich zu sein.

Wenn der Geist des Menschen anhebt, sich über die Niederungen des Alltags und des sogenannten Gegebenen zu erheben, das heißt den Bereich des allzeit Trivialen und Alltäglichen zu verlassen, trifft er bald auf dieselben Fragen und oft auch auf dieselben Antworten. Das war und ist in Europa nicht anders als im Morgenland.

Aus dem Osten kommt das Licht

Der orientalische Weise hat immer
spirituelle Vollkommenheit verkörpert;
die Intelligenz wurde letztlich als
Sakrament betrachtet.«
(Sajjid Hussein Nasr)

»Derart brannte in der damaligen arabischen Welt nicht nur eher Licht als in Frankistan, es brannte dort auch ein beweglicheres Licht als das spätere der europäischen Klosterschulen und der daraus entstandenen Universitäten«, schreibt der Philosoph Ernst Bloch (1885–1977) voller Anerkennung über das Entstehen und die Entwicklung einer Philosophie im frühen Islam in seinem schmalen, aber lesenswerten Buch über den orientalischen Philosophen, Mystiker, Arzt und Universalgelehrten Abu Ali al-Husain Ibn Abdallah Ibn Sina, den man in der europäischen Philosophiegeschichte meistens nur unter seinem mittelalterlich-latinisierten Namen »Avicenna« kennt.

Es ist dem deutschen Denker hoch anzurechnen, daß er mit seiner im Jahre 1963 veröffentlichten Monographie »Avicenna und die aristotelische Linke«– obwohl als Marxist nicht ohne ideologische Verbiegungen – das Augenmerk einer breiteren westlichen Öffentlichkeit nach dem langen Schweigen der europäischen Philosophie-Geschichtsschreibung wieder einmal auf die Philosophie im Islam gerichtet hatte; auf eine Philosophie, von der selbst viele Fachphilosophen noch immer nicht so recht wissen, ob es sie denn nun gegeben habe oder nicht. Dies gilt vor allem für eine eigenständige iranische Philosophie, um deren »Entdeckung« und textliche Teil-Erschließung sich französische Gelehrte wie Henry Corbin (1903–1978), vor allem jedoch zahlreiche Forscher iranischer Herkunft in den vergangenen Jahrzehnten verdient gemacht haben, ohne daß dies für großes Aufsehen gesorgt hätte. Hier ist eine bis heute fast unbeachtet gebliebene Pionierarbeit geleistet worden, die angesichts der Fülle des Materials noch lange fortgesetzt werden wird. Die einschlägigen Philosophen-Lexika des Westens jedenfalls, da genügt schon ein flüchtiger Blick, sind trotz dieser Neuentdeckungen nach wie vor ganz eurozentriert. Dabei wäre es höchst erstaunlich, wenn eine Zivilisation von der umfassenden Tiefe und Verbreitung der islamischen, deren integraler Teil die iranische Kultur seit fast eineinhalb Jahrtausenden ist, auf die Dauer kein nennenswertes philosophisches Denken hervorgebracht hätte. Der islamischen Zivilisation erging es da nicht anders als der indischen. Erst seit Helmut von Glasenapps »Die Philosophie der Inder« und den in den sechziger Jahren in Europa erschienenen Darstellungen von Sarvepali Radakrischnan wissen wir ja recht eigentlich und in systematischer Form um den Umfang und die Tiefe des philosophischen Denkens auf dem indischen Subkontinent.

Weit verbreitet ist freilich bis heute die Auffassung, die islamischen Denker hätten zwar das philosophische und naturwissenschaftliche Wissen der alten Griechen an das christliche Abendland weitergetragen, vielleicht hier und da auch bereichert, selbst jedoch keine eigenständig-schöpferische Philosophie oder auch Wissenschaft hervorgebracht. Diese überholte Ansicht konnte nur um sich greifen und sich mehr und mehr verfestigen, weil bis weit in unser Jahrhundert hinein die geistesgeschichtliche Einordnung solcher Sachverhalte von Eurozentrismus, vom Gefühl einer uneingeschränkten und sozusagen »natürlichen« Überlegenheit der westlich-christlichen Kultur geprägt gewesen ist. Fehlende Kenntnisse und auch ein Mangel an Texten taten ein übriges, um diese verzerrten Anschauungen im allgemeinen Bewußtsein zu verankern. Erst in den jüngsten Philosophiegeschichten des Mittelalters ist ein Bemühen sichtbar, den »islamischen Denkern« auch in ihrem Eigen-Sein von seiten der westlichen Philosophie-Geschichtsschreibung einigermaßen gerecht zu werden. Von muslimischen, besonders in Amerika lebenden Gelehrten liegt inzwischen schon eine ganze Reihe hervorragender Darstellungen und Deutungen islamischen Denkens vor, vornehmlich in englischer Sprache, wie die Werke von Muhsin Mahdi, Majid Fakhry, Sajjid Hussein Nasr (siehe Literaturverzeichnis am Ende dieses Werkes) und einigen anderen zeigen.

Eine Weltreligion wirft Fragen auf

Der Prophet Muhammad (570–632 n. Chr., eigentlich Muhammad Ibn Abdallah) war kein systematischer Denker, sondern ein religiöser, metaphysischer Grübler und Enthusiast, der mit dem Islam, dem Aufruf zur freiwilligen »Hingabe an Gott«(so die wörtliche Bedeutung von *islam*) eine Weltreligion schuf. Deshalb sind logische Folgerichtigkeit oder Widerspruchsfreiheit im Koran, dem heiligen Offenbarungs-Buch der Muslime, dessen »Überträger«(*rasul*) der Prophet nach klassischem Verständnis gewesen ist, oder in der Überlieferung (*hadith*), das heißt in den gesammelten

Aussprüchen Muhammads, nicht zu erwarten. Gleichwohl wird zum Beispiel die Frage, ob Gott sich selbst widersprechen könne, angesichts widersprüchlicher oder scheinbar zweideutiger Stellen in der heiligen Schrift der Muslime später einer der vielen Anstöße zum Grübeln und systematischen Philosophieren werden. An manchen Stellen im Koran scheint es, als ob zum Beispiel die Freiheit des Willens und die Nicht-Festgelegtheit des menschlichen Geschicks (*qadar*) wie selbstverständlich zugrunde gelegt werde, an anderen Stellen wird hingegen auf der Allmacht Gottes und auf der strengen Prädestination (*dschabr*) des Weltablaufs und auch des einzelnen Menschenschicksals beharrt. Was sollte da gelten?

Nach dem Tode des Propheten blieb es natürlich nicht aus, daß viele intelligente Gläubige Aufschluß erhalten wollten über bestimmte Stellen des Korans, die ihnen unklar oder vieldeutig erschienen. Dessen Inhalt war zunächst mündlich tradiert oder verstreut auf Palmblättern, Scherben, Steinen oder Knochen niedergelegt worden, bevor man einen einheitlichen Koran (»heilige Lesung«, wohl von Aramäisch *qeryana* abgeleitet) zusammenstellte. Diese »Vulgata« entstand redaktionell unter dem dritten der sogenannten rechtgeleiteten Kalifen, Uthman Ibn Affan, der von 644 bis 656 regierte, also zehn bis zwanzig Jahre nach dem Tode Muhammads. Da der Prophet nun als höchste Autorität für eine Klärung strittiger Fragen nicht mehr zur Verfügung stand, war man mehr und mehr auf die individuelle Auslegung und das eigenständige Räsonnement angewiesen. Gegenüber jener Schule, die auf einem strikten Anthropomorphismus (*taschbih*) bestand und jedes theologische Hinterfragen und rationalistische Klügeln im Grunde ablehnte, setzte sich jedoch bald das Lager der Ausdeuter und Interpreten in Szene. Dabei entwickelten sich verschiedene theologische Gruppen, die im einzelnen aufzuführen den Umfang einer mehr synoptischen Einführung sprengen würde.

In der heiligen Schrift der Muslime finden sich außerdem viele Aussagen – von der Gottes- und Schöpfungslehre über die Kosmologie und Anthropologie bis hin zur Ethik – die man durchaus als »Krypto-Philosophie«bezeichnen könnte, das heißt als verborgenes, sozusagen im Text schlummerndes Weltbild, das es zu »entbergen« galt.

Es war nur eine Frage der Zeit, bis eigenständig denkende Muslime näheren Aufschluß über manche der oft wenig präzisen, häufig bildhaften, doch emotional erschütternden und ergreifenden Bilder und Aussagen des Korans und ihre jeweilige Bedeutung erhalten wollten: Gott und die Schöpfung, das Ende der Welt, die Auferstehung der Leiber, Seele und Körper, Freiheit und Determination, Moral und religiöse Pflichten. Und noch etwas anderes kam hinzu: Je mehr Regionen Nordafrikas und des Vorderen Orients die Heere der Muslime eroberten, je mehr nicht-muslimische Völker und Kulturen sie beherrschten, desto mehr wurde es notwendig, sich mit ihren Lehren und Glaubensvorstellungen auf rationaler Ebene auseinanderzusetzen. Theologische und philosophische Argumentationen überzeugten um so mehr, je geschliffener man sich die Werkzeuge des Argumentierens zurechtlegte. Da konnte man zunächst von den Alten lernen.

Die Anfänge des theologischen, damit im weitesten Sinne auch schon philosophischen Fragens kreisen bald vor allem um den Komplex von Freiheit/Unfreiheit und moralischer Verantwortung des einzelnen Gläubigen im Zusammenhang mit dem Begriff der Sünde. Damit hing in der Frühzeit des Islams auch die politische Frage zusammen, wer die Gemeinde nach dem Tod Muhammads durch die Zeit führen sollte, das heißt: wer nach dem Tode des Propheten ihr wahrer Imam sei. Etwa der Frömmste und Sündenloseste, wie die Sekte der Charidschiten meinte, »und sei er ein abbessinischer Sklave«? Doch wer war eigentlich fromm und wer ein Sünder? Konnte man das überhaupt im Hier und Jetzt schon entscheiden, oder mußte man das Urteil nicht ganz Gott überlassen? So sahen es die Murdschi'iten (»Aufschiebenden«), welche die Entscheidung darüber eben

»aufgeschoben« sehen wollten. Und wie kam es überhaupt dazu, daß Menschen sündigten?

Zu den wichtigsten Punkten, in denen sich Islam und Christentum wesentlich unterscheiden, gehört ja eine unterschiedliche Auffassung über den ursprünglichen Charakter der menschlichen Natur. So ist dem Islam wohl der Begriff der Verführbarkeit des Menschen durch die Sünde und des Ungehorsams gegen Gott bekannt, nicht jedoch die Doktrin von der Erbsünde, von einer ursprünglichen Gefallenheit des Menschen. Theoretisch sind die Muslime ja auch imstande, eine vollkommene, gerechte und sündenlose Gemeinde ins Leben zu rufen. So verheißt es auch der Koran, wenn er die Gemeinde der Muslime, die Umma, als »die beste aller Gemeinschaften, die wir geschaffen haben« (Sure 3, Vers 110) apostrophiert.

Mit der Frage nach der persönlichen Willens-Freiheit und moralischen Verantwortlichkeit des einzelnen wird in der mächtigen und einflußreichen Schule der Mu'taziliten im Zusammenhang mit dem zentralen Dogma der Gerechtigkeit Gottes (*'adl*) eines der wichtigsten Themen des islamischen Denkens überhaupt – sei es theologisch, sei es philosophisch – zugrunde gelegt. Es wird die gesamte theologische und philosophische Diskussion im Islam wie ein Grundbaß begleiten. Die Mu'taziliten sind allerdings noch keine Philosophen im eigentlichen Sinne des Wortes, sondern Theologen. Doch wie alle Metaphysiker beschäftigt sie das Problem, wie die im Koran angekündigten Belohnungen oder Strafen durch einen gerechten Gott im Jenseits mit dem gleichfalls im Koran immer wieder hervorgehobenen Determinismus zu vereinen seien. Diesen lehnen sie denn auch, wie wir sehen werden, entschieden ab.

Die Anwendung rationalistischer Denkwege und -methoden, die von den Griechen übernommen worden sind, auf die Theologie macht die Mu'taziliten auch philosophisch interessant, obschon sie zunächst allesamt rationale Theologen (*mutakallimun*) sind, das heißt Leute, die den *kalam* betreiben, das gelehrte Reden und Disputieren über Gott. Die Übersetzungen aus dem Werk griechischer Philosophen werden in den ersten beiden Jahrhunderten nach der Stiftung des Islams, das heißt im 8. und 9./2. und 3. Jahrhundert der christlichen, respektive islamischen Zeitrechnung vorgenommen und im Grunde beinahe parallel von den Denkern rezipiert. Die ersten Mu'taziliten hatten freilich noch keine besonders umfangreichen Kenntnisse der griechischen Philosophie. Übersetzt werden übrigens auch Texte antiker Naturwissenschaftler wie des Arztes Galen (Dschalinus in den arabischen Quellen) und natürlich das Werk des Astronomen Ptolemäus, der berühmte Almagest (*kitab al-madschisti*). Die ptolemäische Astronomie und Kosmologie grundiert auch für viele Jahrhunderte das islamische Bild vom Universum, zusammen mit den Lehren des Aristoteles über den Aufbau der Welt, das heißt ihre Aufteilung in einen sublunaren (vergänglichen) und einen translunaren (ewigen) Bereich. Das hindert die islamischen Astronomen aber keineswegs daran, sich der Methode der exakten Himmelsbeobachtung zu verschreiben und neue Erkenntnisse zu gewinnen. Die Gebrüder Musa, Söhne Musa Bin Schakirs aus der Stadt Merw in Chorassan, werden zu den ersten und führenden Repräsentanten einer arabisch-islamischen Himmelskunde, die eine eigenständige Tradition begründet. Mit den sogenannten mamunischen Tafeln, so benannt nach dem Kalifen al-Ma'mun (siehe unten), ihrem Förderer, »verbessern« die drei – Muhammad, Ahmad und al-Hasan – in Bagdad den Griechen Ptolemäus. Aufs engste arbeiten sie mit den syrischen Übersetzern griechischer Traktate zusammen, sozusagen an der Quelle. Von Beginn an fasziniert der bestirnte Himmel die Muslime, bis heute messen sie der Astronomie eine zutiefst religiöse Bedeutung zu.

Wir werden noch sehen, daß sich bestimmte Denker des Propheten gerade durch ihre große Nähe zum Naturalismus, zum naturwissenschaftlichen Wissen, und auch zur Heilkunde auszeichnen. Denn im Unterschied zu ihrer später geborenen christlichen Schwester, der Philosophie der Scholastik, blühte die Philosophie im Islam zu einer Zeit auf, da auch die Mathematik und die Naturwissenschaften sich dort geradezu explosionsartig entwickeln. Es kommt nicht von ungefähr, daß der Philosoph Ibn Sina ein Zeitgenosse solch bedeutender Wissenschaftler wie des in Ägypten lebenden Optikers Ibn al-Haitham (Alhazen, 965–1040) und des mittelasiatischen Universalgelehrten Abu Raihan al-Biruni (973–1048) gewesen ist. Ferdinand Wüstenfeld hat in seinem Werk über die arabischen Ärzte und Naturforscher all jene Persönlichkeiten aufgeführt, die wir in diesem Büchlein vornehmlich als Philosophen behandeln wollen.

Zum Unterbau der künftigen Entwicklung des islamischen Geisteslebens nach dem Tode des Propheten gehören freilich auch all jene Religionen und Weltanschauungen, die in den vom Islam eroberten Ländern bis dahin bestimmend gewesen waren. Der Islam muß sie in den ersten Jahrzehnten seiner staunenswerten Ausbreitung entweder abstoßen oder irgendwie integrieren, »verarbeiten« – als da sind: das orthodoxe und monophysitische Christentum, die Gnosis, der Manichäismus, der Mandäer-Glaube, die Gestirn-Religion der noch heute in vielem rätselhaften Sabier von Harran, Zarathustras (Zoroasters) Lehren, auch der Buddhismus, auf den die Muslime im ostiranischen Raum stoßen, aber auch in Gestalt des streng dualistischen Manichäismus im Zweistromland, der neben christlichen Elementen viele buddhistische Überlieferungen enthält. Dies sind nur die bedeutendsten Lehren, welche im »Fruchtbaren Halbmond«, das heißt in der Region zwischen Ägypten und Mesopotamien seit Jahrhunderten verbreitet sind und die religiösen Mentalitäten vor der Stiftung des Islams bestimmt haben, und zwar die Volksreligion ebenso wie die religiöse Virtuosität (Max Weber) der Asketen. Man kann die meisten von ihnen als vorderasiatische Erlösungsreligionen bezeichnen, deren größter Teil auch prophetischen Charakter trägt. Das gilt nur nicht für die Mandäer und die Sabier, mit Einschränkung trifft es jedoch für die Buddhisten zu, deren Einfluß hauptsächlich über die »dualistische Ketzerei« (*zandaqa*) der Manichäer wahrzunehmen ist.

An die biblischen Propheten der Juden und Christen, das heißt an Thora und Bibel, hat der Prophet Muhammad nach Auffassung vieler Forscher und auch, wenn auch mehr in einem inneren Sinn, der Muslime selbst ganz bewußt angeknüpft.

Die zunächst sporadische Übersetzertätigkeit von vornehmlich syrischen, meist auch christlichen Gelehrten wird von dem Kalifen al-Ma'mun, einem der Söhne des legendären Harun al-Raschid (766–806), im Bait al-Hikma, dem »Haus der Weisheit«, einem islamischen *brain trust*, in der neu am Flusse Tigris gegründeten islamischen Metropole Bagdad gebündelt. Das geschieht im 8. und 9. nachchristlichen Jahrhundert. Herausragende Figuren dabei sind Hunain Ibn Ishaq, sein Sohn Ishaq Ibn Hunain, Yahya Ibn Adi sowie Isa Ibn Yahya; dann Yahya Ibn al-Bitriq, Abu Bischr Matta und Qusta Ibn Luqa, der aus Baalbek im Libanon stammte. Thabit Ibn Qurra, ein Sabier, tut sich besonders bei der Übertragung naturwissenschaftlicher Schriften hervor. Die meisten Werke gelangen somit auf dem Umweg über die syrisch-aramäische Sprache in den arabischen Sprach- und Kulturraum, nur einige wenige werden direkt vom Griechischen in das Arabische übertragen. Der Islam bedient sich dabei ohne jedes Vorurteil der Hilfe und Mithilfe christlicher Gelehrter oder auch jener Sabier, die eine Neigung zur Naturwissenschaft haben. Ihr Zentrum, die Stadt Harran in Obermesopotamien, liegt heute verschlafen in der südtürkischen Steppe. Bienenkorbartige Häuser erinnern daran, daß Syrien nahe ist. Nur noch die weitläufigen Ruinen und ein hochragendes Minarett gemahnen den Besucher daran, daß dies zu Zeiten der Kalifen eine große Stadt mit einer weithin bekannten Universität gewesen ist, in der vor tausend Jahren Gelehrte über den Aufbau des Universums und der Elemente nachdachten.

Die Übersetzer waren außerdem in der berühmten Gelehrten-Schule von Edessa tätig gewesen, später dann in Nisibis. Die noch berühmtere, von König Chosrau Anuschirwan im Jahre 555 n. Chr. gegründete Schule von Gundischahpur in Persien, in der besonders die nestorianischen Christen Zuflucht vor der Verfolgung durch die byzantinische Reichskirche gefunden hatten, wird eines der großen Zentren antiker und spätantiker Wissensvermittlung an den Islam. Allein die zahlreichen Mitglieder der Familie Buchtischu, deren Angehörige über Generationen hinweg in Gundischahpur und außerhalb als Ärzte und Gelehrte wirkten, trugen iranische Weisheit und Medizin an den Hof der Kalifen in Bagdad.

Zu Zeiten, da sich so etwas wie eine islamische Philosophie herauszubilden beginnt, ist ein großer Teil des Aristoteles (Aristu, Aristutalis) sowie einige wichtige Werke des Platon (Aflatun), darunter die Politeia (»Vom Staat«) und die Nomoi (»Gesetze«) übersetzt. Doch auch andere griechische Philosophen, wie Sokrates, Diogenes von Apollonia, Heraklit, Porphyrios oder Pythagoras, werden den islamischen Intellektuellen allmählich bekannt. Verwirrung stiftet, daß man zwischen platonischer und neuplatonischer Tradition nicht immer scharf unterscheiden kann und auch zwei Werke aus dieser Richtung dem Aristoteles zuschreibt. Es sind nicht als solche identifizierte Abhandlungen des Plotin (um 205–270) und des Proklos (410–485), die unter dem Namen des Aristoteles umlaufen: die sogenannte Theologie des Aristoteles, die in der Form eines Auszugs aus den Enneaden Plotins lupenreinen Neuplatonismus enthält, und der vom lateinischen Mittelalter so bezeichnete Liber de causis, ein Buch über das »reine Gute«, das auf Arabisch »Fi mahd al-chair« heißt.

Dies führte unter anderem dazu, daß der Islam das Denken des Platon und des Aristoteles immer stärker als Einheit empfand, als das tatsächlich der Fall ist. Die Unterschiede erschienen den Muslimen geringer, die Harmonien zwischen beiden Denkern größer, als sie in Wirklichkeit sind. Doch solche Fragen spielten noch keine Rolle, als der *kalam* sich herausbildete, das heißt das vernünftige Räsonnieren über Gott, die Welt und den Menschen unter vornehmlich koranischen und theologischen, weniger philosophischen Vorzeichen.

Man muß hier mit wenigen Worten deutlich machen, wofür in der Gesamtentwicklung des philosphischen Denkens die Namen Aristoteles und Platon stehen. Im vorigen Jahrhundert vertrat der Philosoph Adolf von Trendelenburg (1802–1872) die Meinung, trotz des endlos und unlösbar scheinenden Streites der zahlreichen philosophischen Schulen und Anschauungen, der bisher zu keinem verläßlichen Ergebnis geführt habe, sei die rechte Philosophie im Grunde doch schon gefunden. Er meinte diejenige des Aristoteles. Tatsächlich hat dieser Meister abendländischen Denkens einen geistigen Weg gebahnt, der in der Erkenntnis fast überall die Mitte zwischen den Extremen hält. Aristoteles ist Empiriker (nicht Empirist), stützt sein Streben nach Erkenntnis auf die Erfahrung. Doch er ist auch rationaler Denker, wenn auch nicht einseitiger Rationalist, der Begründer unserer klassischen, syllogistischen Logik. Sein Rationalismus schwebt allerdings nicht deduktiv frei in den Lüften, sondern bewegt sich immer am Rande der Erfahrung. So meidet er tatsächlich die Extreme, einmal das Herausspinnen einer Welt aus bloßen verstandesmäßigen Axiomen und Begriffen, ein anderes Mal den Aufbau einer bloßen Fantasy-Welt aus Sinnesdaten, die keinerlei Erkenntnisgewißheit bieten. Aristoteles: das ist auf den Begriff gebrachte Erfahrung.

In Platon hingegen, dem Lehrer des Aristoteles, verehren wir den Gründervater des metaphysischen Idealismus. Wer immer daran glaubt, daß die Welt mehr sei als ein Zufallsprodukt oder »ewig bewegte Materie«, daß es also etwas »Höheres«, etwas »Geistiges« mit ihr und mit dem Menschen auf sich habe, ist auf irgendeine Weise Platoniker. Auch

Aristoteles war nicht zuletzt Platoniker, wenn auch in eigentümlicher Gestalt. Kurzum: Beide Denker eignen sich vielleicht besser als andere zu rationaler Betrachtung und Auslegung von Religion, deren Welt- und Menschenbild sich ja auch nicht mit einer Beschreibung einer »materiellen Welt« allein begnügt, sondern diese als etwas Höheres, ja Heiliges deutet. So hat man nicht zu Unrecht Aristoteles, vor allem aber Platon zu den »erzieherischen Wegbereitern Gottes« (*paidagogoi eis ton theon*) gerechnet.

Untrennbar verknüpft sind die ersten Strömungen des Denkens im Islam natürlich auch mit der materiellen Entfaltung und staunenswerten Hochblüte der islamischen Hochkultur, die zwischen der Mitte des 7. und des 9. Jahrhunderts stattfindet. Der Islam entwickelt sich in dieser Zeit, da er zwischen den Pyrenäen und Mittelasien herrscht, endgültig zu einer florierenden Stadtkultur, die in vielem das Erbe der antiken Welt antritt und umformt. Zwischen Córdoba und Bagdad entsteht die in ihrer Epoche am höchsten entwickelte Zivilisation, deren philosophische Fortschritte mit jenen auf fast allen anderen Feldern höherer Kultur korrespondieren: in Dichtung, Literaturwissenschaft, Naturwissenschaften und Medizin, Städtebau und Architektur. Eine Gesellschaft entsteht, deren gebildete Kreise auch hartnäckige Leser sind. Als eine Kultur, die geradezu auf dem Buch gründet – nämlich dem Koran – steht alles Geschriebene hoch im Kurs. Vereinzelt werden Herrscher und Fürsten zu großen Mäzenen der Kultur, vor allem auch der Autoren und des Buchwesens. Einige dieser gebildeten Fürsten und Förderer werden, wie zu zeigen ist, auch im Zusammenhang mit der Philosophie eine Rolle spielen. Ihre Bibliotheken, wie etwa die der Samaniden von Buchara, errangen geradezu überzeitlichen Ruhm.

Die ersten Jahrhunderte des Islams konstituieren eben jene glanzvolle Welt, die wir seit unserer Jugend in oft phantasievoll verformter Gestalt vor Augen haben mögen, wenn wir die Wörter »Kalif« und »Wesir«, »Basar« und

»Eunuch«, »Odaliske« und »Harem« und so weiter hören, die Welt der berückenden Märchen von Sindbad dem Seefahrer und dem Kalifen Harun al-Raschid. Es ist keine ideale Welt, aber doch immerhin eine Klimax materieller und kultureller Entfaltung des islamischen Orients, wie sie in solcher Fülle und Tiefe dort seither nicht mehr zu beobachten war. Bis heute bietet sie Anlaß zu nostalgischer Verklärung, die freilich die gesamte Region heute nicht weiterbringt.

Sunna und Schia – ein Bruderzwist

Die zahlreichen Abweichungen und Sekten des Islams werden in zwei großen Konfessionen zusammengefaßt, die auch die wichtigsten Ströme der islamischen Geistesgeschichte repräsentieren: Sunniten und Schiiten. Die Unterscheidung spielt auch bisweilen, wie wir noch sehen werden, in der Philosophie eine Rolle, etwa in Iran, wo schiitische Vorstellungen immer stärker in das Denken eingedrungen sind. Zunächst einmal hat der Unterschied allerdings gar nichts mit theologischen oder weltanschaulichen Fragen zu tun, sondern steht für handfeste politische Differenzen, die sich erst später im Verlauf der Geschichte des Islams zu eigenständigen weltanschaulich-konfessionellen Komplexen herausdifferenziert haben.

Am Beginn der Trennung stand die einfache Frage nach der Macht. Wer sollte nach dem Tode des Propheten Muhammad, der für seine Nachfolge keine Vorsorge getroffen hatte, die junge und noch keineswegs gefestigte Gemeinde der Muslime führen?

Die Sunniten, die heute wohl etwas weniger als neunzig Prozent aller Muslime ausmachen, akzeptieren die politische Geschichte des Islams so, wie sie tatsächlich verlief: auf Muhammad folgten die vier rechtgeleiteten Kalifen, dann die Dynastie der Omajjaden, schließlich diejenige der Abbassiden und so weiter. Der uranfängliche »Held« der Schiiten freilich ist Ali Ibn Abi Talib, der leibliche Vetter des Propheten und sein Schwiegersohn, Gemahlin seiner Tochter Fatima, dem nach Auffassung der »schi'at Ali«, der »Partei Alis«, sogleich nach Muhammads Hinscheiden die rechtmäßige Leitung der Gemeinde gebührt hätte. Doch damals überging und überfuhr man ihn. Die Schia ist also die Partei der »Aliden«, der Anhänger Alis. Sie betrachten den ersten Kalifen Abu Bakr, den zweiten Omar Ibn al-Khattab und auch den dritten, Uthman Ibn Affan, als Usurpatoren, weil Ali erst an vierter Stelle Kalif wurde. Er herrschte von 656 bis 661, wurde dann auch noch ermordet – mit dem Ergebnis, daß sich der ihnen verhaßte Clan der Omajjaden, der den Islam erst spät angenommen hatte, für viele Jahrzehnte die Herrschaft sicherte. Die leiblichen männlichen Nachkommen Alis hingegen, allen voran seine beiden Söhne, wurden aus der Thronfolge ausgeschlossen, der jüngere von ihnen, Hussein, sogar in der Schlacht von Kerbela im Jahre 680 an der Seite von siebzig Getreuen getötet. Seither kannte der Islam immer wieder blutige Aufstände der Schiiten, der Ali-Verehrer, gegen die sunnitischen Dynastien, wobei die Schiiten selbst auch wieder in zahlreiche Sekten zerfielen. Ihre Mehrheits-Fraktion, die heute in Iran die Staatsreligion stellt, sind die Zwölfer-Schiiten. Sie verehren, Ali eingeschlossen, zwölf Imame oder leibliche Nachkommen des Propheten, deren letzter, der zwölfte Imam, im 9. Jahrhundert nach ihrer Vorstellung in die große Verborgenheit verschwand, aus der er als der Paraklet und als der »erwartete Erlöser«, der »Mahdi al-muntazar«, wiederkehren wird, um ein endzeitliches Reich des Friedens und der Gerechtigkeit herzustellen. Für die Siebener-Schiiten oder Ismailiten endet die Kette der von ihnen verehrten Imame mit Ismail, dem entrückten Sohn des sechsten Imams Dschaafar al-Sadiq. Die Ismailiten gaben sich viel weniger orthodox als die Zwölfer und inspirierten immer wieder soziale Unruhen oder gaben diesen die ideologische Umhüllung. Im Mittelalter gründeten sie teilweise machtvolle Dynastien, wie die Fatimiden, die in der

Zeit vom 9. bis zum 12. Jahrhundert das sunnitische Kalifat herausforderten. Während sich bei den Sunniten vier Rechtsschulen als orthodox herausbildeten und verfestigten, entwickelten die Zwölferschiiten ihr eigenes Recht, Dschaafari genannt. Die Ismailiten hatten von Beginn an eine Aversion gegen den Gesetzes-Islam, in dem sie eine verläßliche Stütze der von ihnen als ungerecht wahrgenommenen gesellschaftlichen Verhältnisse und ihrer politischen Ordnung sahen; sie gaben sich von Anfang an antinomistisch und in der Koranauslegung esoterisch.

Im Kern seiner Glaubenslehren unterscheidet sich der schiitische Islam wenig vom Sunnitentum. Freilich entwickkelte er in den Jahrhunderten seiner Auseinandersetzung mit den Doktrinen der Mehrheit gewisse Eigenheiten, die für die sunnitische Orthodoxie nur schwer zu verstehen sind. Dazu gehört die Lehre von den Imamen. In der Sunna bedeutet der Imam zunächst den Vorbeter, nichts weiter. Für die Schiiten ist er jedoch eine geradezu metaphysische Erscheinung, weil die zwölf Imame über die Person Alis vom Propheten selbst abstammen und dessen prophetisches Licht in sich getragen haben. Alle Imame wurden nach ihrer Lehre Opfer der Nachstellungen ihrer sunnitischen Feinde, woraus die Schiiten einen überbordenden kollektiven Trauerkult entwickelt haben, der ihre Weltwahrnehmung bis in unsere Tage hinein zutiefst geprägt hat. Die Ermordung Alis in der Moschee zu Kufa, die Niederlage Husseins in der Schlacht von Kerbela sind die Wegmarken dieser Trauer. Solange der verborgene Imam nicht erscheint, sind die schiitischen Schriftgelehrten seine Stellvertreter auf Erden. Auf sie fällt somit ein gewissermaßen metaphysischer Abglanz der Imame, eine Art »Weihe«, welche die Schriftgelehrten im zutiefst nüchternen sunnitischen Islam überhaupt nicht kennen. Priester sind nämlich im Islam unbekannt. Die Kaste der schiitischen Schriftgelehrten ist auf eine Weise hierarchisch gegliedert, die bei den Sunniten gleichfalls ganz unbekannt ist. Dennoch wäre es falsch, das Schiitentum etwa mit dem Katholizismus gleichzusetzen oder den Sunnismus deshalb mit dem Protestantismus zu vergleichen. Auch im Sunnismus haben sich Heiligenkult und andere Erscheinungen des Volksislams entwickelt, die dem einfachen und strengen Glauben des Propheten eigentlich fremd waren.

Der Schiismus ist zunächst genauso arabisch gewesen wie der Islam selbst. Seine Verfechter waren Araber wie ihre Gegner. Daß wir heute vor allem Iran und Persien mit dem Schiitentum identifizieren, ist höchst einseitig – denn es gibt Schiiten in fast allen islamischen Ländern –, hat aber mit der politischen und religiösen Geschichte der Region zu tun. Schon früh neigten nämlich jene neubekehrten Muslime, die nicht Araber waren, sondern als deren Klienten angesehen wurden, die sogenannten »mawali«, zur Identifikation mit den Aliden, der Partei Alis, da sie sich, wie diese, als politisch und gesellschaftlich benachteiligt empfanden. Das Schiitentum wurde so die Konfession der Zukurzgekommenen und weniger Privilegierten im Islam. Staatsreligion ist der Schiismus in Iran freilich erst seit dem 16. Jahrhundert, als Schah Ismail dort diese Konfession als verbindlich einführte.

Viele der großen Philosophen, die wir kennenlernen werden, waren Perser, doch beileibe nicht alle von ihnen waren auch Schiiten. In der Blütezeit der persischen Dichtung, etwa zwischen der Jahrtausendwende und dem Jahre 1500, war wohl der größte Teil der Bevölkerung Irans noch sunnitisch. Danach sorgten politische Umwälzungen dafür, daß sich das änderte – und zwar bis hinein in die Philosophie. Ansichten über Gott und den Koran bildeten sich sozusagen nicht freischwebend, sondern im Zusammenhang mit der mehr oder minder einschneidenden Entwicklung der frühislamischen Gesellschaft.

DIE SCHULE DER MU'TAZILITEN

Historischer Ursprung und Lehre

Über die Herkunft der Bezeichnung »mu'tazila« gibt es seit Alters her mehrere Theorien. Die populärste Version lautet, der Ausdruck beziehe sich auf eine Gruppe von Theologen, die den »i'tizal«übten. Das heißt: In der theologisch strittigen Frage, ob ein hartnäckiger Sünder als ein Gläubiger oder als Ungläubiger anzusehen sei, traten sie für eine »Zwischenstellung zwischen Glauben und Unglauben« (*manzila baina al-manzilatain*) ein und wandten sich durch diese Auffassung von anderen Theologen ab (*i'tazala*), die nicht mit ihnen übereinstimmten. Die Mu'taziliten sind die Begründer der spekulativen Dogmatik im Islam; der Ursprung der Schule geht bis auf das 7./1. Jahrhundert zurück und hängt wohl auch auf das engste mit den politischen Verhältnissen der damaligen Zeit zusammen. Es war die Epoche der großen Fitna (»Aufruhr und Spaltung«) der jungen muslimischen Gemeinde, da sich die Anhänger des Ali Ibn Abi Talib (ermordet 661 in der Moschee von Kufa im Irak), des Prophetenvetters, und seine Gegner um das Kalifat stritten. Der nach westlichem Verständnis rein politische Konflikt um die Nachfolge Muhammads des Propheten wurde im frühen Islam auf einsichtige Weise mit religiös-theologischen Begründungen verquickt, wobei mehrere Gruppen entstanden, die sich erbittert befehdeten. Die Mu'taziliten nahmen auch hier einen Standpunkt der Mitte zwischen den Aliden (den späteren Schiiten) und den Legalisten (der sunnitischen Orthodoxie) ein, wobei die Meinung vertreten worden ist, ihre Doktrin spiegele die Aspirationen jenes Lagers unter den Muslimen wider, das im Jahre 750 unter der Dynastie der

Abbasiden schließlich in Bagdad die Macht über das Kalifat erlangen sollte. Tatsächlich wurde das Mu'tazilitentum unter den Abbasiden die zunächst einflußreichste theologische Schule. Bei den Lehren der frühen Mu'taziliten ist man freilich weitgehend, wegen des Mangels an Texten, auf historische Rekonstruktionen angewiesen.

Wichtigste Vertreter dieser Schule waren: Wasil Ibn Ata (gest. 748), der sie begründete, als er sich von seinem Lehrer Hasan al-Basri »abwandte«; Abul Hudhail al-Allaf (gest. 841/849), Bischr Ibn al-Mu'tamir (gest. 825), Ibrahim al-Nazzam (gest. 835/845), später dann Abu Ali al-Dschubba'i (gest. 915) und al-Qadi Abdal Dschabbar (gest. 1025). Im allgemeinen werden zwei Schulen unterschieden, eine von Basra, die ältere, und eine von Bagdad. Wasil Ibn Ata lebte in Basra, wo unter Hasan dem Basrener eine Gruppe von Muslimen nach besonders verinnerlichter Frömmigkeit strebte. Gründer der Bagdader Schule war Bischr Ibn al-Mu'tamir. Der Ursprung der Schule weist also nach Basra, wobei erwähnt werden muß, daß von Beginn an bei den Mu'taziliten auch ein iranischer Einfluß zu beobachten gewesen ist. Dies kann angesichts der langen iranischen Geschichte des Iraks vor der Eroberung durch den Islam niemanden wundern. Es ist darauf hingewiesen worden, daß Basra – obzwar eine islamische Gründung und von einer arabischen Oberschicht regiert – von einer weitgehend persischen Bevölkerung bewohnt wurde, vor allem galt dies für die Unterschicht.

Die Einflüsse der Mu'taziliten auf die spätere Theologie sind enorm gewesen. Es gab wohl auf absehbare Zeit keinen klassischen Theologen, der sich nicht mit den Doktrinen der Mu'tazila auseinanderzusetzen hatte. Ihr Einfluß ging niemals ganz verloren. Selbst das Musterbild orthodox-klassischer Theologie, das Werk des im Jahre 935 gestorbenen Gelehrten al-Asch'ari, ist ohne sie nicht denkbar, denn al-Asch'ari begann als Mu'tazilit, strebte dann jedoch nach vermittelnden Positionen. Die Mu'taziliten sind früher oft als »Freidenker« oder »Liberale« im Islam bezeichnet worden, doch solche Einschätzungen beruhen auf Mißverständnissen, da sie westliche Kriterien der Beurteilung auf eine fremde Kultur übertragen. In der frühen Abbasidenzeit gelangte das Mu'tazilitentum zwischenzeitlich sogar in den Rang einer Staatstheologie, die – für etwa zwanzig Jahre – auch mit Hilfe einer Inquisition (*mihna*) aufrechterhalten wurde. Dann schaffte der Kalif al-Mutawakkil um 850 diese geisttötende Institution wieder ab.

Das Denken der Mu'taziliten kreist um fünf große Motive, die auch gerne als Prinzipien bezeichnet werden. Das erste: Einheit und Einzigkeit Gottes (*tauhid*). Es ist das zentrale Dogma der islamischen Gotteslehre überhaupt; das zweite: Gottes Gerechtigkeit (*'adl*); das dritte: die Verheißung und die Drohung (*al-wa'd wa al-wa'id*); das vierte: die von uns schon erwähnte »Zwischenstellung zwischen Glaube und Unglaube« bei der Frage, ob der hartnäckige Sünder gläubig oder ungläubig sei (*manzila baina al-manzilatain*); und schließlich fünftens: die »Aufforderung zu guten Handlungen und das Abhalten von den schlechten«(*al-amr bi al-ma'ruf wa al-nahy 'an al-munkar*), das Prinzip der praktischen Ethik.

Die beiden ersten Prinzipien stehen im Zentrum der mu'tazilitischen Doktrinen, während man die übrigen eher als Nebenaspekte ansehen kann. Die mu'tazilitischen Denker streben nach einem gänzlich reinen, geistigen Gottesbegriff monotheistischen Zuschnitts, was sie zu den natürlichen Feinden der Anthropomorphisten macht. Sie wollen Gott ohne jede Beimischung vermenschlichender Eigenschaften denken, was natürlich die Lehre von den göttlichen Attributen zutiefst beeinflussen muß, und zwar in einem intellektualistischen Sinne. Noch wichtiger freilich ist ihre Auffassung vom Koran. Er gilt nach orthodoxer Auffassung als das ewige und ungeschaffene Wort Gottes. In den Augen der Mu'taziliten ist das mit dem Dogma von der Einzigkeit Gottes unvereinbar, da hier dem ewigen und ungeschaffenen Gott ein zweites ungeschaffenes Wesen zur Seite gestellt wird. So definieren sie den Koran, an dessen zentraler Bedeutung für den Glauben sie natürlich niemals rütteln, als in der Zeit geschaffen und der Dimension der Zeitlichkeit zugehörig. An seiner Authentizität als Wort Gottes ändert dies nach ihrer Meinung gar nichts. Spätere orthodoxe Schriftgelehrte haben diese so vernünftig scheinende Ansicht über den Koran, die seinen Kern als von Sinn und Wahrheit erfüllte Offenbarungsschrift wahrt, aber der Dimension der Geschichtlichkeit überantwortet, wieder radikal verworfen und die traditionelle Auffassung von der Unerschaffenheit des Korans aufs neue ohne Abstriche durchgesetzt. Sie gilt seither als unantastbar. Wir werden später sehen, was dieses Dogma zum Beispiel für ein reformorientiertes Denken im modernen Islam bedeutet.

Als noch bedeutsamer erwies sich der Versuch der Mu'taziliten, Gottes Allmacht und die Freiheit des Menschen zusammenzudenken. Dieser Punkt berührt Auffassungen, die bis heute nicht in Übereinstimmung gebracht werden konnten, aber zeigen, warum westliche Gelehrte die Mu'taziliten eine Zeitlang gerne als »Liberale« angesehen hätten. Es geht um nicht mehr und nicht weniger als um die Frage, was die göttliche Gerechtigkeit sei und wie es sich mit dem Bösen verhalte. Um Gottes Gerechtigkeit zu retten, entscheiden sich die Mu'taziliten nämlich gegen die Prädestination und für die Willensfreiheit. Das ist nur konsequent. Was wäre das für ein Gott, so fragen sie implizit, der die von ihm geschaffenen Menschen erst zu ohnmächtigen Objekten seines Willens machte und sie dann dafür auch noch bestrafte? Wäre das gerecht? Die vom Koran angedrohte oder verheißene Strafe oder Belohnung für Sünden oder rechte Handlungen hat nur im Kontext der Freiheit, die Verantwortlichkeit konstituiert, einen feststellbaren, konkreten Sinn.

Es ist bemerkenswert zu sehen, wie diese Denker des Propheten sein Wort (nach dem Glauben der Muslime ja Gottes eigenes Wort) ernst nehmen und in eindringlichen Analysen menschlicher Handlungen zu zeigen versuchen, daß der

Mensch wenigstens im Sinne einer Entscheidungsmöglichkeit frei und damit moralisch verantwortlich ist. Sie zerlegen auf subtile, beinahe existentialistisch anmutende Weise menschliche Akte und Handlungen in ihre einzelnen Bestandteile, in ihre aufeinanderfolgenden Phasen (drei oder vier), um zu zeigen, wie und wo Entscheidung für eine Tat und Handlung oder gegen sie möglich wird. Diese Analysen korrespondieren teilweise mit einer atomistischen Seinslehre, wie sie für die Mutakallimun im allgemeinen charakteristisch gewesen ist. Dabei war der Atomismus weniger über die alten Griechen, als vielmehr über die Denker Indiens in den islamischen Orient eingedrungen.

Das ewige Problem der Theodizee, das heißt der Frage, wie ein als Quelle alles Guten und aller Wohltat charakterisierter Gott als Schöpfer der Welt und des Menschen das Böse in der Welt zulassen kann, wird von den Mu'aziliten auf diese Weise von Gott auf den Menschen zurückverwiesen. Das Böse ist weitgehend Menschenwerk. Gott, nicht der Mensch verletzt die Gerechtigkeit, wenn er falsch handelt und damit Unglück auf sich zieht. Zu äußerster Zurückhaltung neigen die Mu'taziliten in der Frage der Attribute oder Eigenschaften Gottes, die ja alle Gefahr laufen, Gottes Einheit und Einzigkeit zu begrenzen. Mit der postulierten Willensfreiheit sind andere Gedanken und Fragen, wenigstens potentiell, schon für die Zukunft angedeutet: Wenn die göttliche Macht nicht die Entscheidungsfreiheit des einzelnen ersetzt, wie steht es dann überhaupt mit dem Wissen Gottes um die Zweitursachen? Er mag die Erstursachen kennen, da er sie bewirkt, aber zumindest im Raum des Menschlichen ist die Prädestination aufgebrochen.

Einordnung des Mu'tazilismus

Es ist vielleicht kein Zufall, daß diese Schule ihre höchste Blüte erreichte, als auch das islamische Reich der Abbasiden in höchster Blüte begriffen war. Der führende Intellektuelle und Literat dieser Epoche, Amr Ibn Bahr al-Dschahiz (776–868), bekannte sich ohne Vorbehalte zu den Auffassungen der Mu'taziliten. Als belletristischer Autor hatte er ein Interesse daran, daß der Orthodoxie mit ihren bisweilen wenig flexiblen Lehren ein Gegengewicht gegenübergestellt wurde. Die Rationalisten dieser Schule fanden übrigens in ihrer schöpferischen Gegnerschaft zur Orthodoxie Verbündete in den Mystikern, deren Bewegung der Innerlichkeit und göttlich inspirierten Entrückung sich gleichfalls gegen die Herrschaft orthodoxer Schriftgelehrter, gegen den sich etablierenden Gesetzes-Islam richtete und in der frühen Abbasidenzeit, zum Beispiel in der Gestalt des im Jahre 922 hingerichteten al-Husain Ibn Mansur al-Halladsch (siehe unten), ihren ersten Höhepunkt fand.

Gleichwohl wäre es zu einfach, wollte man einen absoluten Gegensatz zwischen einem »freien« Rationalismus der Mu'tazila und einem bloßen Dogmatismus der Orthodoxie konstruieren. Wir haben schon erwähnt, daß auch die Mu'taziliten von Dogmatismus nicht frei waren, und daß vorübergehend sogar eine Inquisition zu ihren Gunsten aufkam und wirkte. Auch die orthodoxe Dogmatik eines al-Asch'ari oder al-Maturidi (gest. 944) verwirft das vernünftige Nachdenken über die Glaubensinhalte ja nicht; sie gelangt jedoch zu anderen Ergebnissen und hat besondere Vorbehalte speziell gegenüber den »Wissenschaften der Alten« (*ulum al-qudama*), das heißt eben der Griechen.

Die Auseinandersetzungen zwischen den Mu'taziliten und den Verfechtern der Prädestinationslehre über Sünde, Freiheit und Verantwortlichkeit, die wir kurz gestreift haben, machen bereits deutlich, wie unhaltbar all jene westlichen Vorstellungen sind, die dem Islam eine sozusagen natürliche Schicksalsverfallenheit (die berüchtigte Lehre vom »Kismet«) andichten. Gewiß ist und bleibt für den frommen Muslim – wie ja auch für den Christen, wenn er seinen Glauben ernst nimmt – Gott der Schöpfer, Erhalter und

Herrscher der Welt. Gegen seine Allmacht bleibt der Mensch machtlos, aber ist er deshalb weniger für seine Taten verantwortlich? Den Vertretern einer strikten Prädestination, die es in der westlichen Philosophie ja auch gegeben hat (und in der Moderne unter dem Einfluß des Materialismus und Positivismus zunehmend mehr gibt!), ist immer wieder widersprochen worden, am heftigsten gewiß von den Mu'taziliten. Wenn der Muslim jedoch vom »maktub« spricht, von dem, was schicksalhaft geschrieben steht, so meint er damit, daß wir alle in Gottes Hand stehen: »Wahrlich, wir kommen von Gott und kehren zu ihm zurück«, wie es traditionell heißt. Dies lehrt im Grunde jede höhere Religion. Ebenso richtig ist freilich, daß vor allem im Volksglauben, wo keine philosophische Reflexion über schwierige theologische Themen zu erwarten ist, quietistische Tendenzen stark hervortreten. Zu ihnen gehört auch jene vom Westen oft und bis zum Überdruß einseitig rezipierte »islamische Schicksalsgläubigkeit«.

Heute, im Zeitalter eines sich mächtig regenden Islamismus oder »Fundamentalismus«, ist hier und da auch von einem Neo-Mu'tazilismus die Rede. Man meint damit eine Wiedererweckung des theologischen Rationalismus, wie sie zum Beispiel von dem berühmten ägyptischen »Ketzer« Ali Abd al-Raziq (1888–1966) in der ersten Hälfte des 20. Jahrhunderts und anderen angestrebt wurde. Dieser Islam-Gelehrte vertrat die Auffassung, der Islam, recht verstanden, sei mit jeder politischen Ordnung verträglich, selbstverständlich auch mit der pluralistischen Demokratie und der Öffnung nach Westen. Abd al-Raziq löste damit scharfe Kontroversen aus. Es war eine Zeit, da auch andere Intellektuelle in Ägypten, wie der berühmte Schriftsteller und spätere Kulturminister Taha Hussein (1889–1973), sich für eine Erneuerung des islamischen Denkens einsetzten. Inspiriert worden war diese ganze Bewegung unter anderem von zwei führenden Gelehrten der al-Azhar, Muhammad Abduh (gest. 1905) und seinem Schüler Raschid Rida (gest. 1935). Der tragischste Fall eines solchen rationalistischen Neuerers ist vielleicht jener von Mahmud Taha, einem islamischen Reformdenker in Sudan, der manchen Muslimen und Nicht-Muslimen heute als ein gescheiterter »Luther des Islams« gilt, stark an manche Überlegungen der Mu'taziliten anknüpfte, jedoch von der Zeitlichkeit des Korans zu einer offenen Historisierung der Schrift wie der Offenbarung voranschritt. Er wurde daraufhin im Jahre 1985 in seiner Heimat hingerichtet. Nicht nur für den heutigen Islamismus, auch für den islamischen Traditionalismus bedeutet eine Historisierung der Religion eine Teilverweltlichung, die man offenbar als Eingangstor für eine weitere Verwestlichung fürchtet.

Die Philosophie im Islam, der wir uns nun zuzuwenden haben, kannte solche Furcht vor einer »Überfremdung« erstaunlicherweise nicht. Der Islam war damals neu, frisch und offenbar im Vollbesitz seiner geistigen Kräfte. Er konnte es sich leisten, andere Traditionen aufzusaugen oder von ihnen zu lernen. Gleichwohl ging das auch damals nicht ohne Irritationen ab.

Die Angelegenheit ist für viele zeitgenössische Muslime kompliziert, da jedes erneuernde Denken, sofern es sich nicht als »Rückkehr zur Tradition« (*salaf*) verschleiert, versucht ist, an die so umstrittene geistige Bewegung der Mu'tazila anzuknüpfen. Zuweilen berufen sich sogar weltliche Skeptiker auf sie. Vor allem in Iran, wo von den dazu autorisierten Schriftgelehrten das Prinzip der selbständigen Urteilsfindung (*idschtihad*) immer gepflegt worden ist, sind die Gedanken der Mu'taziliten nie ganz verschwunden gewesen. Iranisch-schiitische Reformdenker wie Ajatollah Taleghani (gest. 1979), Ajatollah Motahhari (ermordet 1979) oder Ali Schariati (gest. 1970) haben daran angeknüpft. Heute tut das der Philosoph Abdolkarim Sorusch, ein Chemiker und Theologe, der die zeitlose Gültigkeit des Kerns der islamischen Offenbarung mit der Weltlichkeit des Menschen und seiner Gesellschaft zusammenzudenken versucht. Die Widerstände dagegen sind allerdings, wie wir am Schluß des Werkes sehen werden, erheblich.

Schwer zu beantworten bleibt wohl die Frage, warum sich der Rationalismus der Mu'taziliten auf die Dauer nicht durchsetzte, sondern zum Opfer der autoritätsgläubigeren Orthodoxie wurde. War es am Ende so, daß der von den Mu'taziliten gedachte »rein geistige«, gänzlich entmenschlichte und seiner auf Menschenmaß zugeschnittenen Attribute beraubte Gott nur eine Angelegenheit der Intellektuellen blieb, ein abstrakter Schemen des Absoluten, der niemandem weiterhalf, der an einem lebendigen Gott interessiert war? Das ist jedenfalls eine Antwort, die auf diese Frage gegeben worden ist.

DER ÜBERGANG VON DER THEOLOGIE ZUR PHILOSOPHIE

> *»Der Philosoph, der tritt herein*
> *Und beweist euch, es müßt so sein:*
> *Das Erste wär so, das Zweite so,*
> *Und drum das Dritt' und Vierte so,*
> *Und wenn das Erst' und Zweit' nicht wär,*
> *Das Dritt' und Vierte wär nimmermehr.«*
> (Goethe, Faust, Teil I)

Es gehört zu den faszinierendsten Entwicklungen des geistigen Lebens überhaupt, zu sehen, wie unter ähnlichen Bedingungen sich auch ganz ähnliche Fragestellungen und Leitlinien des Denkens herausbilden. Vor allem Parallelen zwischen christlichen und islamischen Denkern lassen sich in diesem Kontext immer wieder aufweisen.

So kann etwa der mit der christlichen Philosophie des Mittelalters ein wenig Vertraute jenes für die Denker dieses Zeitalters gültige Motto des *fides quaerens intellectum* – des Glaubens, der nach Einsicht sucht – im Islam wiederentdecken. Nicht ausdrücklich formuliert, gewiß, aber doch dem Inhalt nach. Es geht darum, den Glauben, die Glaubenswahrheiten rational zu durchdringen und auch mehr und mehr gegen die Skepsis und die Leugner philosophisch abzusichern. Im Grunde dürfte es unmöglich sein, einen bestimmten Zeitpunkt anzugeben, an dem rationale Theologie in »reine« Philosophie übergeht. Inhaltlich gesehen ist dieser Punkt wohl im Überwiegen des Philosophischen gegenüber dem Theologischen zu sehen, in der eindeutigen Präferenz des Denkens gegenüber der Offenbarung. Nach allgemein verbreiteter Lesart ist mit einer solchen Sichtweise vor dem 9./3. Jahrhundert nicht zu rechnen. Es ist das Jahrhundert, in

41

dem die islamische Kultur des »Mittelalters« mit ihrem Zentrum im Irak ihrem Höhepunkt entgegenstrebt. In dieser Zeit erlebt der Islam unter dem Haus der Abbasiden (750–1258) jenen stupenden Höhepunkt seiner Kultur, der durch das Bagdad und Basra in den weltberühmten Erzählungen von »Tausend und eine Nacht« gekennzeichnet wird.

Es beginnt mit dem sogenannten »Philosophen der Araber«, al-Kindi. Diese Bezeichnung muß zunächst erläutert werden, denn sie wirft ein wichtiges, grundsätzliches Licht auf eine noch ungeklärte definitorische Frage. Die Bezeichnung »Philosoph der Araber« weist nämlich darauf hin, daß es sich dabei um etwas Ungewöhnliches handelt. Waren andere Philosophen denn nicht Araber? Woher, wenn diese Frage bejaht werden muß, kamen sie dann?

Tatsächlich ist es fragwürdig, von einer »arabischen Philosophie« oder gar »Philosophie der Araber« zu sprechen, denn viele der Denker im mittelalterlichen Islam waren gerade keine Angehörigen dieses Volkes, sondern Perser oder Berber. Arabisch war vor allem die Sprache, in welcher, neben dem Persischen, der größte Teil der Werke verfaßt wurde. So muß man verstehen, daß al-Kindi eben ausdrücklich als »arabischer« Philosoph auch im ethnischen Sinne bezeichnet wird. Auf dem Hintergrund der ohnehin universalistischen Religion des Islams, die nur Gläubige kennt, keine Rassen oder Ethnien, werden solche Benennungen indes einigermaßen obsolet.

Doch auch der Terminus »islamische Philosophie« muß strittig, zumindest zweideutig bleiben. Alle diese Denker waren zwar Muslime, und die meisten dürften sich auch als durchaus fromme Muslime empfunden haben; doch die Widerstände gegen dieses Denken von seiten der orthodoxen Gelehrten erlauben es nur eingeschränkt, von einem islamischen Denken zu sprechen, wenn auch der Terminus nicht falsch sein und deshalb gelegentlich Verwendung finden mag. Es blieb immer eine etwas obskure Sache, sich auf dem rationalen Weg der Griechen jenen Wahrheiten nähern zu wollen, welche die Offenbarung doch für alle sichtbar und verbindlich schon verkündet hatte. Auch im Islam bewahrheitet sich jene sarkastische, aber treffende Definition, die Schopenhauer einmal in seinen Parerga und Paralipomena von den großen Denkern gegeben hat: »Die Philosophen sind lästige Nachtschwärmer, die andere Leute im Schlaf stören.«

So spricht man am besten vom »griechisch inspirierten Denken« oder von einer »hellenisierenden Philosophie im Islam«. Andere denkbare Definitionen sind zu komplex und sprachlich zu ausladend, als daß man sie knapp und normativ verwenden könnte.

Leben und Werk al-Kindis

Der Philosoph der Araber, Abu Yusuf Ya'qub Ibn Ishaq al-Kindi, lebte ungefähr siebzig Jahre, von 800 bis wenigstens gegen 866, wenn nicht bis 873. Nach anderen Angaben ist er 870 gestorben. Seine Nisbe »al-Kindi« rührt von seiner Herkunft aus dem südarabischen Stamme der Kinda. Über seinen Lebensweg ist viel weniger bekannt als bei den anderen, späteren Denkern des Propheten. Er wurde in Kufa im Irak als Sohn des dortigen Gouverneurs geboren. Im Irak, in Basra, der Stadt Sindbads des Seefahrers, sowie im glänzenden Bagdad, der aufstrebenden Metropole, erhielt er seine Ausbildung. Er saß offenbar direkt an der Quelle antiker philosophischer Texte, da er mit einigen der Übersetzer persönliche Kontakte unterhielt. Mit seinen Nachfolgern teilt er denn auch die geistige Vielseitigkeit: al-Kindi war nicht nur Philosoph (*failasuf*, Mehrzahl: *falasifa*, wie die arabische, offenkundig aus dem Griechischen genommene Bezeichnung lautet), sondern auch Physiker, Astronom, Astrologe, Mathematiker und Musiker. Wir werden noch sehen, daß manche andere *falasifa* noch universaler gebildet waren als er. Interessant ist, daß für einen al-Kindi die Musik und die Mathematik zusammengehören; das ist ein letztlich auf

Pythagoras zurückgehender Gedanke, hatte dieser griechische Philosoph und Sektengründer doch die Zusammenhänge zwischen Zahlenverhältnissen und Tönen herausgearbeitet und sogar eine Theorie der Sphärenharmonie entwickelt. Bis zum Werk Johannes Keplers (1571–1630) sind auch in der abendländischen Kultur die Einflüsse des Pythagoras zu spüren.

Al-Kindi ist nach übereinstimmender Auffassung der führenden Gelehrten der orthodoxeste aller Philosophen im Islam. Dies hat natürlich damit zu tun, daß er und sein Werk ganz am Anfang stehen. Al-Kindi zweifelt in seinem Hauptwerk, der »Ersten Philosophie« oder »Metaphysik« (Fi al-falsafa al-ula) nicht am koranischen Dogma von der Schöpfung der Welt aus dem Nichts (*creatio ex nihilo*) durch Gott, der bei ihm in philosophischer Terminologie als erste Ursache und als das Eine erscheint, das der Welt zugrunde liegt. Gleichwohl mußte schon der abstrakte Begriff einer »ersten Ursache« den Argwohn mancher Schriftgelehrten wecken. Ist er dasselbe wie der lebendige Gott? Als Vorbild wirkt bei al-Kindi natürlich der erste Beweger des Aristoteles, der selbst unbewegt ist, ergänzt um die plotinische Definition Gottes als des Einen, selbst Unteilbaren, der jedoch die Quelle und der Ursprung des Vielen ist. Die von ihm nach freiem Willensentschluß geschaffene Welt ist ausnahmlos der Zeitlichkeit und damit Vergänglichkeit unterworfen, allerdings auch einer durchgängigen Kette von Ursache und Wirkung. Weder die Welt noch die Zeit können nach al-Kindis Meinung unendlich sein, da dies zu unauflösbaren logischen Widersprüchen führt.

Gott wird als Einer und Einziger bestimmt, eine ganz orthodoxe Position, obschon die Orthodoxie bereits Schwierigkeiten hatte, ihn in so etwas Abstraktem wie der ersten Ursache zu erkennen. Wie sein Meister Aristoteles unterscheidet al-Kindi in der Ursachenerkenntnis vier Ursachen: Material-, Formal-, Wirk- und Finalursache, also Teleologie. Metaphysik ist nach al-Kindi das Erkennen der »höchsten

Wirklichkeit, die aller anderen Wirklichkeit zugrunde liegt«. Der Denker al-Kindi glaubt nicht, daß Glaube und rationales Denken einander widersprechen, ganz im Gegenteil: Er preist die Philosophie in den höchsten Tönen und fordert die Muslime zudem auf, Weisheit und Erkenntnis ohne Scheu überall dort zu suchen, wo sie zu finden seien, auch in Epochen vor dem Islam und bei alten Völkern. Dies soll natürlich seine Hinwendung zum Studium der Griechen rechtfertigen. Das Universum ist von seinem Schöpfer rational gestaltet worden, es ist ein Muster an Zweckmäßigkeit und Schönheit.

Der erkennende Intellekt ist der höchste und unsterbliche Teil der menschlichen Seele und jenes Mikrokosmos, als welcher der Mensch insgesamt angesehen werden kann. Die Seele selbst ist eine Substanz, die sich zur ersten Ursache verhält wie das Licht zur Sonne. Al-Kindi versucht jedoch in seinem Traktat »Über die Menge der Bücher des Aristoteles« (Fi kammijat kutub Aristutalis), aufgrund der Zeitlichkeit der Welt auch einen »Beweis« zu führen, daß die koranische Verheißung einer Auferstehung der Leiber nicht unbegründet sei. Im übrigen muß der Gläubige darauf vertrauen, daß Gott sein in der Offenbarung gegebenes Versprechen auch halten wird. Die Vergänglichkeit der Welt, und auch die Tatsache, daß »jede Seele den Tod kostet«, wie es im Koran heißt, sind für al-Kindi geradezu Merkmale, die auf ein Höheres, als die Welt es ist, hinweisen – auf Gott, dessen Namen der Denker freilich nicht ausdrücklich erwähnt. Mit solchen Fragen und Gedanken ist indirekt das Problem der Theodizee, der Rechtfertigung Gottes angesichts des Bösen und des Mangels in der Welt, angesprochen, ein Problem, das keineswegs nur – wie ein verbreitetes Vorurteil lauten mag – theistischen Philosophen Kopfzerbrechen bereitet. Atheisten vermögen es vielleicht noch weniger zu lösen als Theisten, vor allem sein reziprokes Gegenbild: die Frage, wie es denn angesichts einer sinnlosen, dem Bösen anheimgefallenen Welt auch das Gute geben könne. Für al-Kindi jedenfalls gehört die Sorge des Menschen mit zur Welt. Der Philosoph nimmt sie an, wie auch den Tod, denn der Mensch ist nun einmal das lebendige, denkende und sterbende Lebewesen. Das ist eine dem Geist der Philosophie gemäße Haltung.

Der erste ausdrückliche Denker des Propheten kann als die Gründer-Figur des systematischen philosophischen Erkenntnis-Willens im Islam (*falsafa*) angesehen werden. Er ist Peripatetiker und legt den Grundstock für diese weiterwirkende Tradition. Doch im Grunde genommen ist das Denken im Ansatz auch schon aus jenem Dreiklang von Aristoteles, Platon und Plotin geformt, der die Zukunft des islamischen Denkens in jeweils verschiedener Akzentuierung und Tiefe bestimmen wird.

VOM ÜBERFLIESSEN GOTTES

Der Neuplatonismus, eine Vermählung von griechischer Philosophie und orientalischen Lehren, wird in der Folge immer mehr zu einem geschmeidigen philosophischen »System«, das nach Auffassung der Denker zwischen dem Aristotelimus und dem Platonismus zu vermitteln vermag. Dabei ist, wie gesagt, dem Islam niemals so recht deutlich geworden, daß Aristoteles mit neuplatonischen Vorstellungen gar nichts zu tun haben konnte, denn die wahre Herkunft zum Beispiel eines Textes wie der »Theologie des Aristoteles« – es handelt sich um eine Paraphrase aus den Enneaden des Plotin aus der Feder von Porphyrios (232–304) – blieb unbekannt. Die Philosophen im Islam sind mit der Vorstellung einer Schöpfung der Welt aus dem Nichts (*ex nihilo*) konfrontiert, wie der Koran sie selbstverständlich darbietet. Die merkwürdig unanschauliche Vorstellung von einem selbst unbewegten Beweger (was ist das eigentlich und wie bewegt er was?), durch die Aristoteles Gott definiert, wird durch die viel konkretere Idee der Emanation alles Geschaffenen aus dem Einen (*faid, sudur*) verdrängt. Das Eine (griechisch: *hen*) ist mit Gott identisch, eine Bestimmung, die sehr gut zum islamischen Zentral-Dogma von der Einzigkeit und Einheit Gottes (*tauhid*) paßte. Emanation, das Hervorgehen von etwas aus etwas anderem, ist sozusagen etwas Natürliches, das man auch mit den Sinnen ungezählte Male in der Natur beobachten kann. Der unbewegte Beweger scheint hingegen zu abstrakt zu sein und zudem widersprüchlich. Das Auseinander-Hervorgehen von Dingen, wie des Schmetterlings aus der Raupe und vieles andere mehr kann hingegen unmittelbar anschaulich wahrgenommen und gedacht werden. Auch das Hervorgehen des Vielen aus dem Einen ist mannigfach zu beobachten, etwa der Blumenblätter aus dem Keim, wenn dies auch nur Analogien sein mögen. So entsteht die Neigung, die Schöpfung der Welt als Emanation zu denken, wie Plotin das getan hat. Später werden wir sehen, daß es auch noch andere Möglichkeiten gibt, den Weg vom Schöpfer zur Schöpfung zurückzulegen, etwa den der Theophanie (*tadschalli*) oder der Spiegelung.

Der erste Denker des Propheten, der ganz im Banne des Neuplatonismus steht, ist al-Farabi. In seinem Werk erreicht die Philosophie im Islam einen ersten, lange Zeit fortzeugenden Höhepunkt. In vielem widerspricht er, wie wir sehen werden, seinem großen Vorgänger al-Kindi. Sein Werk ist von großer Einheitlichkeit, denn auch seine an Platon orientierten Vorstellungen über Staat und Gesellschaft beziehen sich, wie bei diesem, auf seine übrigen Ansichten über die Welt. Bei al-Farabi ist, worauf de Boer (Geschichte, 1901) hinweist, schon vieles vorgebildet, was man später dem Ibn Sina zugeschrieben hat.

Leben und Werk des al-Farabi

Al-Farabi ist der einzige Muslim türkischer Herkunft unter den großen Denkern des Propheten. Muhammad Ibn Muhammad Ibn Tarhan Ibn Uzlugs Heimat ist Mittelasien, das nach der samanidischen Renaissance (siehe unten) so etwas wie das geistige Zentrum der östlichen islamischen Welt wurde, eine Wiege der Gelehrsamkeit und der Kunst. Er stammte aus dem Ort Farab, der später unter dem Namen »Otrar« bekannt werden sollte. Al-Farabi studierte zunächst bei Yuhanna Ibn Haylan und bei dem als Übersetzer hervorgetretenen Abu Bischr Matta, einem nestorianischen Christen, in Bagdad, wo er anschließend bis zum Jahre 942 lebte. In vorgerücktem Alter siedelte er nach Syrien über, wo ihn der in Aleppo residierende Lokalfürst Saif al-Daula, ein bekannter Mäzen, der auch den Dichter al-Mutanabbi protegierte, förderte. Gestorben ist al-Farabi im Jahre 950 in Damaskus.

Mit al-Farabis Ideen zieht – nach westlichen Analogien betrachtet – erstmals so etwas wie eine streng kausale Notwendigkeit in die Welt der Denker des Propheten ein. Obwohl er später lebte als der »berüchtigte« al-Razi, mit dessen Gedanken er sich auch auseinandersetzte, stellen wir ihn schon jetzt vor, da seine Ideen dem Denken im Islam für lange Zeit die Richtung wiesen. Im schroffen Gegensatz zu al-Kindi lehrt nämlich al-Farabi ausdrücklich die These von der Ewigkeit der Welt. Das Universum ist die ewige Emanation aus dem göttlich Einen des Plotin. Es handelt sich also um eine »neuplatonisch emanative Kosmologie«, wie Professor Michael Marmura es in kurzen Worten ausdrückt.

Worin besteht sie?

Nach antiker Vorstellung war das Universum in eine Welt unter dem Mond und in eine Welt jenseits des Mondes unterteilt. Die sublunare Welt war der Bereich des Werdens und Vergehens, die vergängliche Werdewelt, jenseits derer sich – bis zu den Fixsternen – die Welt der Planetensphären erstreckte. Die sublunare Welt wird von der Naturerkenntnis erforscht, die translunare hingegen ist das eigentliche Objekt der Metaphysik. Jenseits der Fixstern-Sphäre und des Himmelsgewölbes war dann das Reich Gottes. Zentrum dieses Kosmos war, wir wissen es, bis zu Kopernikus (1473–1543) die Erde (Geozentrismus, im Gegensatz zum Heliozentrismus). Die Planeten wie die Sonne und der Mond bewegten sich um sie mittels der unsichtbaren Sphärenkreise, die sie in ihren Bahnen hielten. Nach Aristoteles und Ptolemäus beschrieben die Planeten exakte Zirkel, da der Kreis und die Kugel als vollkommene geometrische Figuren respektive Körper angesehen wurden. Nur sie konnten göttlich sein. Antike wie Mittelalter waren darüber hinaus weit entfernt davon, in den Gestirnen bloße Zusammenballungen von Materie zu sehen, leuchtende Kugeln aus Gas. Sie galten als gewissermaßen metaphysische Wesenheiten, die den »Lauf der Welt« bestimmten. Al-Farabi identifiziert ihre Sphären in seiner Emanationslehre mit einer Stufenleiter von insgesamt neun, respektive zehn Intelligenzen oder Intellekten, die in dyadischer (zweifacher) Weise jeweils auseinander hervorgehen, indem sie sich selber denken und schöpferisch werden. Am Beginn dieser emanativen Reihe steht der erste Intellekt (al-'aql al-awwal), der aus dem ungeteilten Einen emaniert, am Ende der aktive Intellekt oder intellctus agens (al-'aql al-fa'al), dem die sublunare Welt folgt. Die vergänglichen Dinge des Diesseits sind aristotelisch aus Stoff und Form zusammengesetzt. Die Wesensform verbindet sich mit der Materie, die Potenz ist.

Man mag eine solche Kosmologie heute absonderlich finden und über sie lächeln. Sie war jedoch für ihre Zeit konsequent. Unser Planetensystem, noch dazu unvollständig, da – zusammen mit Sonne und Mond – nur sieben der Wandelsterne bekannt waren, sowie die Fixsternsphäre als die achte Sphäre bildeten die damals »bekannte« Gestalt des Universums. Bis in die Neuzeit hinein hatte kein Mensch eine auch nur ungefähre Vorstellung von der Größe des Weltalls, seiner Unermeßlichkeit, die alles menschliche Vorstellungsvermögen übersteigt. Der erste Mensch, der eine ungefähre Ahnung von den realen Dimensionen des Weltalls und seiner Mittelosigkeit hatte, war Giordano Bruno (1548–1600). Aufgabe der Denker, die nicht alles nur als göttliches Wunder verehren, sondern erkennen und miteinander verknüpfen wollten, war es, einen nachvollziehbaren Zusammenhang zwischen dem Schöpfer und den verschiedenen Tiefenschichten des Weltalls bis herab zum Lebendigen und zu den Menschen aufzuweisen. Das leisteten sie für ihre Zeit mit Hilfe dieses kosmologischen Modells. Die Emanationslehre lieferte anscheinend eine ideale Grundlage dafür, von der Metaphysik über die Astronomie bis hin zur Anthropologie, denn selbstverständlich war der Mensch in diesem System als Mikrokosmos aufs engste verbunden mit dem Makrokosmos »über« sich.

Neueste Ansichten über die Evolution lassen den Menschen, als vorläufig jüngstes Produkt eben dieser Evolution, eng verflochten sein mit seiner kosmischen Umgebung (»Kinder des Weltalls«, wie ein bekannter Autor das genannt hat). Erfahren somit die alten Denker eine späte Genugtuung, obschon sie zu ihrer Zeit vergleichsweise naiv zu den Sternen schauten?

Vom Standpunkt der Astronomie aus konnten die arabischen Wissenschaftler auf der Grundlage des ptolemäischen Weltbildes übrigens hervorragend arbeiten. Das heute als falsch, das heißt als spekulatives Konstrukt erwiesene System von Epizykeln, das sich Ptolemäus ausgedacht hatte, um bestimmte unerklärliche Planetenbewegungen erklärlich zu machen, erfüllte damals seinen Zweck: Es machte die Berechnung der Bahnen der Gestirne und damit wissenschaftliche Voraussagen möglich. Mehr war nicht verlangt. Das kopernikanische System vereinfachte später zunächst diese Berechnungen und Voraussagen der Planetenbahnen nur, war also effektiver im Sinne einer Denkökonomie, die man nach dem spätscholastischen Philosophen Wilhelm von Ockham (1300–1350) gerne als »Ockhams Rasiermesser« bezeichnet hat. Darunter versteht man das Prinzip, eine immer einfachere Erklärung für die zu erkennnenden Phänomene anzustreben. Seine gewissermaßen faktische Richtigkeit konnte man erst Jahrhunderte später, als die Menschen nicht mehr nur den Augenschein der Sinne zur Verfügung hatten, beweisen. Dies sollte man bedenken, wenn man dazu neigt, andere Zeiten vorschnell wegen ihrer Irrtümer abzuurteilen.

Neben der Ausgestaltung neuplatonischer Ideen ist al-Farabis politisches Denken, wie er es im »Musterstaat« (Kitab ara' ahl al-madina al-fadhila) niedergelegt hat, sein wohl originellster Beitrag zum Philosophieren im Islam. Dieser etwa hundert Seiten starke Traktat enthält keinswegs nur Thesen zur Staatslehre und Politik, sondern bietet eine Zusammenfassung der übrigen philosophischen Lehren al-Farabis, die im Zusammenhang mit den Auffassungen über den Staat stehen. »Das erste, was vorhanden ist (*al-maudschud al-awwal*), ist der Urgrund für das Sein aller Dinge, die existieren. Dasselbe ist frei von jeglichem Mangel, wohingegen in allem, was außer ihm ist, irgendein Mangel – oder gar mehrere – vorhanden sein muß. Das Erste hingegen ist davon gänzlich frei. . .«

Mit diesen berühmten Sätzen über die Natur Gottes beginnt al-Farabi seinen Traktat über den »Musterstaat«. Dann wiederholt er seine Ideen über den Aufbau des Universums und über die Emanationsstufen bis herunter zur zehnten Intelligenz. Schließlich kommt er zum eigentlichen Thema dieser Abhandlung: dem Entwurf seines idealen Staats in der Nachfolge Platons. Im 26. Abschnitt dieses berühmten Traktates beschreibt al-Farabi den Menschen echt aristotelisch als geselliges Wesen, denn »er bedarf vieler Dinge, die er, wenn er allein ist, nicht leisten kann«. Deshalb sind die Menschen in Gemeinwesen organisiert, von denen es vollkommene und unvollkommene gibt. Das kleinste Gemeinwesen ist die Familie. Dasjenige Gemeinwesen, in dem sich das menschliche Glück am besten verwirklichen läßt, heißt »Musterstaat« (*al-madina al-fadhila*). Dieses vollendete Gemeinwesen vergleicht al-Farabi – hier auf Platon zurückgreifend – mit einem »vollständig gesunden Leib, dessen einzelne Glieder einander beistehen«, so daß jedes seine Aufgabe zum Nutzen des Ganzen erfülle. Und so wie ein gesunder Leib ohne Herz nicht lebensfähig ist, so bedarf der Musterstaat eines vollkommenen »Häuptlings« (*ra'is*). Dann folgt ein kosmologischer Vergleich: »Die erste Ursache verhält sich zu allem anderen, wie der Häuptling des Musterstaates zu allem anderen in demselben.« Wie der Kosmos, so ist auch der Staat hierarchisch aufgebaut. Der Häuptling freilich muß zu seinem Amt von Natur aus befähigt sein und im Besitze vollkommener Eigenschaften und philosophischer Tugenden. Vor allem muß er zu höchster Erkenntnis und Einsicht gelangt sein. In der Sprache al-Farabis: Er muß zum »aktuellen

Intellekt« geworden sein, der zwischen dem schaffenden Intellekt und dem passiven Intellekt steht. Zwölf Eigenschaften zeichnen das perfekte Oberhaupt aus, zu denen Gerechtigkeit, Einsicht, gute Redegabe, Bekämpfung der weltlichen Gier, Entschlossenheit, Wahrheitsliebe und anderes zählen. Man messe daran einmal die Politiker aller Zeiten, unsere eingeschlossen. Frömmigkeit wird von al-Farabi nicht ausdrücklich erwähnt, wenn auch die verlangten Tugenden gewiß mit der Religion korrelieren. Ein solcher Herrscher ist der Imam, der Vorbeter, aber er ist eben ein Philosophen-Imam, so wie er bei Platon ein Philosophen-König ist. Haben mehrere Männer alle Eigenschaften des Philosophen-Imams, so können sie zusammen herrschen. Dem Musterstaat stellt al-Farabi mehrere andere Staaten oder Gemeinschaften gegenüber, die man unter dem Sammelbegriff »Unwissenheits-Staat« zusammenfassen kann. Sie kennen das Glück nicht. Der Denker verwendet im arabischen Original den interessanten Ausdruck *mudun al-dschahilija*, den Friedrich Dieterici mit »Torheitsstaaten« überträgt. Er stammt aus der religiösen Sphäre, denn der Islam trennt traditionell in seiner Geschichtsauffassung zwei Zeitalter voneinander: das des Islams, der Offenbarung, und dasjenige vor der Offenbarung, da die Menschen in »Heidentum« und »religiöser Unwissenheit« (*dschahilija*) dahinlebten. Auffällig ist jedoch, daß al-Farabi den Begriff in keinerlei direktem religiösem Kontext erwähnt. Die Charaktereigenschaften der Bewohner des Musterstaates sind philosophische Tugenden, wie Streben nach Erkenntnis und Vergeistigung, während die Bewohner in den Torheitsstaaten allein den sinnlichen Genüssen, dem Erwerb von Reichtum und der Erfüllung ihrer privaten Neigungen folgen. Man messe daran einmal die Verhaltensweisen der Untertanen aller Zeiten, auch der heutigen Bürger in den modernen Demokratien. So sehr ist al-Farabi platonisierender Philosoph, daß ihm wohl alle bisher existierenden Staaten und Gesellschaften, wie seinem griechischen Lehrmeister Platon auch, als zutiefst unwürdig erscheinen würden. Der Denker liefert aber einen rationalen Entwurf eines »Idealstaates«, in dem vom religiösen Gesetz im Grunde nicht die Rede ist, mögen auch viele der anzu-strebenden Eigenschaften und Tugenden der Untertanen und des Herrschers sich mit den religiösen Werten des Islams decken.

WIDER DIE OFFENBARUNG

Abu Bakr al-Razi, Arzt und Rationalist

In den Schriften von Abu Bakr Muhammad Ibn Zakariya al-Razi (latinisiert: Rhazes) begegnet man einem Denken, das sich wohl am weitesten von der überlieferten Autorität der koranischen Offenbarung entfernt. Auch al-Razi war Arzt, sein abendländischer Ruf und Ruhm ähnlich glänzend wie der des Ibn Sina (siehe unten). Seine medizinische Hauptschrift »Liber Continens« (arabisch: al-Hawi) wurde noch im Europa des 16. Jahrhunderts als Autorität in hohen Ehren gehalten. Ebenso bekannt wurde sein medizinisches Werk »Kitab al-Mansuri« (Liber Mansoris) und sein »Buch über die Pocken und Masern«.

Der im Jahre 925 gestorbene Mediziner und Philosoph stammte aus Rayy in der Nähe des heutigen Teheran, dem antiken Rhages, wo er 865 geboren wurde. Er wirkte zunächst am Krankenhaus seiner Heimatstadt, um sich dann beruflich zu »verbessern«. Gegen Ende seines Lebens kehrte er in seine Heimatstadt zurück. Doch als höchste medizinische Autorität leitete er lange Zeit die bekannteste Klinik in Bagdad. In seinen Mußestunden schrieb der »Chefarzt« seine explosiven Werke, die als rationalistische Religionsphilosophie anzusehen sind. Es ist für jene Forscher, die sich auf Razis Werk spezialisiert haben, nicht einfach, in allem Klarheit über das Weltbild dieses Denkers zu gewinnen, da ein beträchtlicher Teil seiner Werke verschollen ist und deren Inhalt indirekt erschlossen werden muß, etwa aus Zitaten in anderen Werken, die sich kritisch mit ihm auseinandersetzen. Al-Razi war offenbar ein Philosoph, der die Polemik nicht scheute und der auch Polemiken gegen sich selbst herausforderte. Er neigte zum sarkastischen Spott, selbst der Koran entging seiner Lästerzunge nicht, als er sich gegen die verbreitete Auffassung wandte, er sei sprachlich ein unnachahmliches Vorbild des Arabischen. Dies ist übrigens eine orthodoxe Auffassung bis heute.

Razi legt nicht die Glaubenswahrheiten philosophisch aus, sondern entwickelt eine rationale, aufklärerische Philosophie, die zwar zu Gott vordringt, aber jegliche Offenbarung ausklammert. Insofern interessieren die Glaubenswahrheiten al-Razi eigentlich gar nicht. Die Philosophie ist der einzige Weg zur Wahrheit, auch zum Jenseits, nicht der Glaube. Er bietet eine »natürliche Religion«, wie sie – mit Einschränkungen – auch manchen Denkern der europäischen Aufklärung vorschwebte. Razi ist weder Materialist noch Atheist, aber er hält die Offenbarung für gänzlich überflüssig. Auf ihn soll ja auch die Rede von den drei großen Betrügern – Moses, Jesus und Muhammad – zurückgehen, die das Mittelalter erboste und noch in der europäischen Aufklärung als Topos und Titel (»De tribus impostoribus«) Verwendung fand. Jedenfalls werden dem al-Razi die beiden Schriften über die »Kniffe derer, die vorgeben, Propheten zu sein« und über die »Aufschneidereien der Propheten« zugeschrieben.

Al-Razis Metaphysik gründet auf fünf ewigen Grundprinzipien, wie er in der Abhandlung über die »Fünf Elemente« (*al-qudama' al-chamsa*) und in dem Werk »Erläuterungen der Theologie« (*scharh al-ilm al-ilahi*) darlegt. Es sind: Gott (Allah), Weltseele (*nafs, nafs al-kulliya*), Materie (*hayula*, von griechisch: *hyle*), Raum (*makan*) und Zeit (*zaman*). Den Streit über die Frage, ob die Welt ewig sei oder Anfang und Ende in der Zeit habe, löst al-Razi dadurch, daß er eine vermittelnde Position einnimmt. Zwar ist die Materie ewig, doch Gott mußte sie aktualisieren, damit die Welt entstehe. Mit den Mutakallimun teilt der Philosoph die Meinung, daß Atome die Grundlage für alle Dinge bilden, wobei er – anders als die Mutakallimun – von der antiken Atomlehre des Demokrit nicht weit entfernt sei, wie Shlomo Pines herausgefunden hat. Al-Razi mag zwar gegen die geoffenbarte Religion eingestellt sein, doch irreligiös im modernen Sinne ist er nicht. Mit Einschränkungen könnte man in ihm so etwas wie einen Voltaire im Islam des Abbasiden-Zeitalters sehen. Kennte der Islam eine Kirche, wäre al-Razi garantiert gegen sie gewesen. Sein Denken ist eine Religionsphilosophie, die ohne den Begriff der Offenbarung auskommt. Al-Razi ist hier ein Vorläufer, denn wir werden später sehen, daß solcherart »rationale« oder »natürliche Religion« auch bei einem ganz bestimmten Denker des maurischen Andalusiens, bei Ibn Tufail (siehe unten), Anklang findet. Es versteht sich, daß ein Mann wie al-Razi auch gewisse Schwierigkeiten mit dem religiösen Gesetz haben mußte, das sich auf eben diese Offenbarung bezieht.

Seine Ethik bedarf nicht des Gesetzes, versucht hingegen Vernunft-Ethik zu sein. Die Extreme sind zu meiden im Leben. Askese ist ebenso überflüssig wie Ausschweifung schädlich. Als berühmter Arzt soll er oft Kranke kostenlos behandelt haben. Al-Razi hat freilich seine ethischen Anschauungen im Laufe seines Lebens geändert, wie die beiden überlieferten Werke zur Ethik deutlich machen: das Buch von der »spirituellen Medizin« (*Tibb al-ruhani*) ist stark platonisch eingefärbt und plädiert für den Weg des Maßes und der Askese, um die drei konstitutionellen Teile der Seele zur Harmonie zu bringen. Herrschen muß jedoch die rationale Seele über die beiden anderen Seelenteile, die für die Begierden stehen. Eine Wandlung betreffs der Askese findet sich im späteren Buch über die »Philosophische Lebensweise« (*al-sira al-falsafijja*), in dem der Denker sich eindeutig gegen die Verzichts-Ethik ausspricht, einen maßvollen Lebensgenuß befürwortet und gegen asketische Sekten Front macht.

Hat er durch tiefes Nachdenken diesen inneren Wandel vollzogen? Oder hat ihn die Lebenserfahrung belehrt und verändert? Stecken andere Ursachen hinter diesem Wechsel

von al-Razis ethischen Ansichten? Al-Razi beruft sich jedenfalls auf sein philosophisches Vorbild Sokrates, von dem der
Islam ein merkwürdig zwiespältiges Bild überliefert hatte:
einmal galt er – offenkundig eine Verwechslung mit Diogenes
– als der asketisch lebende Denker in der Tonne, im Faß, zum
anderen als ein durchaus der Welt zugewandter Rationalist.

EIN GEHEIMBUND DES WISSENS?

Die Lauteren Brüder von Basra

Eine rationale Aufarbeitung und Deutung des gesamten, zur damaligen Zeit verfügbaren philosophischen, theologischen und naturwissenschaftlichen Wissens bieten die Traktate der Lauteren Brüder von Basra (*rasa'il ichwan al-safa*) aus dem 10. Jahrhundert. Man hat den Eindruck, als werde in ihnen eine philosophisch-wissenschaftliche Summe des Goldenen Zeitalters im Islam gezogen. Diese Gruppe von Metaphysikern gibt noch immer manche Rätsel auf, denn sie wird traditionell als so etwas wie ein »Geheimbund des Wissens« beschrieben, als eine Art Loge, in der sich Intellektuelle aus dem Irak zusammenfanden, um ihr freigeistiges, auf Mathematik, Naturwissenschaft und Philosophie beruhendes Weltbild ungestört zu pflegen. Friedrich Dieterici hat schon im vorigen Jahrhundert den Inhalt der 51 oder 52 Traktate bekannt gemacht, die trotz allem Spiritualismus tatsächlich auch durch eine große Nähe zum Naturalismus herausragen.

Philosophisch finden sich alle bis dahin bekannten Ansätze in den Schriften der »Brüder«: Pythagoras ebenso wie Platon, der Neuplatonismus vor allem, wie ismailitische Lehren. Die Autoren kennen auch das Judentum und das Christentum sehr gut, ebenso religiös-philosophische Lehren aus Indien. Die Mathematik gilt in gewisser Weise als Schlüssel des Weltverständnisses. Noch immer gibt auch die Frage nach der Autorenschaft dieser philosophischen Abhandlungen Rätsel auf. Wurden sie von einem Denker allein verfaßt oder haben alle Mitglieder dieses Intellektuellen-Zirkels zu diesem Werk, das teilweise einen besonders enzyklopädischen Charakter hat, beigetragen? Es ist auch möglich, daß die Samm-

lung die wichtigsten Diskussionsbeiträge der »Brüder« enthält, die von einem Autor, etwa einem Protokoll-Führer ihrer Diskussionsrunden, aufgezeichnet worden sind.

Neben der Mathematik, der etliche eigene, die Sammlung
einleitende Traktate gewidmet sind, steht die neuplatonische
Kosmologie im Mittelpunkt des Weltbildes der »Lauteren
Brüder«. Bezogen auf das Weltall wird eine Entwicklungslehre ausgebreitet. Das Ziel des gesamten Unternehmens
freilich ist ein ethisches: den Menschen, der dazu neigt, sich
an die materiellen Dinge der vergänglichen Werde-Welt zu
klammern, durch Wissen und Denken zu einer Vergeistigung
zu bewegen, damit seine Seele zu Gott finde. Das Diesseits ist
nichts als die Vorbereitung, die Vorstufe zum Jenseits, eine
Einsicht, die sich der Mensch im Laufe seines Lebens erwerben und erarbeiten muß. Die »Einweihung« in diese Erkenntnis, das Bewußt-Werden der Aufgabe, geschieht in
insgesamt vier Stufen; auf der letzten sollte die Seele fast
einem Engel gleich sein.

Es geht den Lauteren Brüdern jedoch nicht nur um den
Erwerb des individuellen Heils, sondern auch um die Gesellschaft. Einsicht und Handeln müssen zusammenkommen,
nur dann haben sie vollen Wert. Der Mitmensch muß davon
überzeugt werden, daß er Bildung und Wissen erlange, welche dann ihrerseits sein ethisches Handeln prägen und leiten
werden. Es ist ein stark aufklärerisches Element in diesem
religiösen und philosophischen Denken, weshalb die Cha-
rakterisierung der »Lauteren Brüder« als eine Art »Frei-
maurer« durch Professor Alessandro Bausani, den bekannten
italienischen Orientalisten, *cum grano salis* akzeptiert werden
könnte.

Die »Brüder« lehren, modern gesprochen, die Einheit der
Natur. Das Universum ist ein organisch zusammenhängendes
Ganzes, so daß man es auch als riesigen Körper ansehen
kann. Seine Existenz hängt vom Schöpfergott ab, der es
durch sein Werdewort (*kun*) schuf; dies ist eine ganz orthodoxe Schöpfungslehre. Dann setzt die uns schon hinlänglich

bekannte neuplatonische Kosmologie ein. Durch Emanation, Überfließen oder Ausschüttung (*faid*) entsteht der Höchste Intellekt, ein aktives Prinzip, aber auch die Weltseele oder Allseele, die mehr passiv ausgerichtet ist. Sie belebt das All wie die Einzelseele den menschlichen Körper. Eine Urmaterie ohne alle Eigenschaften bildet die nächste, aus der Weltseele hervorgegangene Emanationsstufe. Durch Hinzufügung von Quantität entsteht die Materie, aus welcher die seienden Dinge, die Körper, geformt sind: dreidimensional. Das Verhältnis zwischen der Einheit des Universums und seines Ursprungs sowie der Vielheit der Dinge kann durch die Sprache der Mathematik verstanden und durch Relationen veranschaulicht werden. Aus der Eins gehen alle anderen Zahlen und Zahlenverhältnisse hervor. Man sieht: Wie für Galilei und Newton ist auch für die Lauteren Brüder von Basra das »Buch der Natur in Zahlen geschrieben«. Und die Mathematik gilt dem Philosophen aus diesem Zirkel als Grundwissenschaft.

Hochinteressant und aktuell zugleich sind die Anschauungen der »Brüder« über die verschiedenen Reiche der Natur, die sich aus der unterschiedlichen Zusammensetzung der Elemente ergeben. Die Seienden sind nicht strikt hierarchisch voneinander getrennt, sondern berühren sich, so das Tierreich und das Reich der Menschen. Schnittstelle zwischen der humanen und der tierischen Dimension ist der Affe. Der Mensch stellt zwar das höchste der Wesen dar, weil er imstande ist zu erkennen, »was die Welt im Innersten zusammenhält«, vor allem auch seinen und der Welt Ursprung in Gott; doch der Unterschied zu den am höchsten organisierten Tieren ist nicht absolut, sondern nur graduell. Elefant und Pferd berühren sich sogar besonders eng mit dem Menschen.

In einer wunderschönen Allegorie, der Fabel von »Mensch und Tier vor dem König der Dschinnen«, nehmen die Lauteren Brüder dem Menschen all seinen Hochmut. Die Tiere beklagen sich beim Dschinnen-König über die schlechte Behandlung durch den Menschen. Dieser versucht sich zu rechtfertigen, indem er die üblichen Argumente für seine Höherwertigkeit vorbringt: Der Mensch kann sprechen, der Mensch kann denken, der Mensch kann Häuser und Städte bauen und so weiter. Doch es stellt sich heraus, daß verschiedene Tiere dies alles auch können. Am Ende bleibt von der ganzen Herrlichkeit des Menschen nicht eben viel übrig. Er hat keinen Grund, sich über andere Wesen erhaben zu dünken. Was ihn substantiell von den Tieren unterscheidet, ist allein die Fähigkeit, Gott zu erkennen und anzubeten: das Gottesbewußtsein. Mit dieser Eigenschaft ist der Mensch ein Bindeglied zwischen der irdischen und der himmlischen Welt, er ist – um mit Kant zu sprechen – ein Bürger zweier Welten, einer vergänglichen und einer ewigen.

Die Weltseele – ein Prinzip, dem in der antiken Philosophie besonders die Stoiker huldigten – hält das Reich der Natur am Leben. Mensch und Welt sind aufeinander abgestimmt. Daß der Mensch ein kleines Weltall sei und das Weltall ein großer Mensch, ist eine ebenfalls stoische Lehre, die bei den Lauteren Brüdern von Basra ausdrücklich thematisiert wird. Wir werden sehen, daß dieser Gedanke bei späteren mystischen Philosphen wie Ibn al-Arabi (siehe unten) eine große Bedeutung annehmen wird.

Das in den Traktaten niedergelegte Weltbild der lauteren Brüder von Basra beeindruckt als Versuch, die Welt als geschlossene Einheit in ihrer geschöpflichen Vielfalt und Entwicklung zu denken, in der alles irgendwie miteinander zusammenhängt und aufeinander abgestimmt ist. Die Hervorhebung dieser Relationen, die Bedeutung der Mathematik und die Betonung der engen Beziehung zwischen allen Reichen des Lebendigen, den Menschen eingeschlossen, lassen dieses Denken überraschend modern erscheinen. Auch daß in der Ethik vor allem auf Einsicht und Erkenntnis gesetzt wird, gehört zu den »modernen« Elementen dieser Philosophie.

DENKEN ALS GENESUNG DER SEELE

Ibn Sina, Weltmensch und Weiser

Mit Abu Ali al-Husain Ibn Abdallah Ibn Sina, genannt Avicenna, kommt das iranische Element erstmals voll zur Geltung. Ibn Sina ist der große Weise des islamischen Orients, dessen Persönlichkeit man mit dem Begriff »Philosoph« überhaupt nicht gerecht werden kann. Schon zu seinen Lebzeiten genoß er einen überragenden Ruf als Universalgenie, mit dem bekannten Gelehrten Abu Raihan al-Biruni, der mit seinen Beobachtungen über die Religion der Hindus im »Tarich al-hind« (»Geschichte Indiens«) unter anderem als Begründer einer vergleichenden Religionsbetrachtung im Islam angesehen werden kann, führte er einen Briefwechsel über wissenschaftliche Fragen auf einer vergleichsweisen Höhe, wie das später im Abendland etwa zwischen Leibniz und Newton oder Descartes und dem Pater Mersenne der Fall war. Seine Syntheses aus Islam und persischem Denken, das Jahrhunderte zurückweist, wirkt in Iran bis heute nach. In letzter Zeit ist dieser universale Geist im Westen sogar zum Helden einiger populärer Romane geworden (»Der Medicus«, »Die Straße nach Isfahan«), was man angesichts seines bewegten Lebens, das Höhen und Tiefen kannte, verstehen kann. Von der Tiefgründigkeit dieses Propheten-Denkers vermögen diese Bücher jedoch keinen Eindruck zu geben. Der ägyptische Gelehrte Ibrahim Madkur, Herausgeber von Ibn Sinas philosophischem Hauptwerk, schreibt über diesen orientalischen Denker in einem seiner Aufsätze: »Der Einflußbereich eines Buches geht meistens nicht über denjenigen seines Verfassers hinaus. Er erhält seinen bestimmten Platz in dessen Gesamtschaffen. Es gibt jedoch geniale Werke, die ihre eigene Geschichte haben, ihre eigene Wirkung entfalten. Avicennas Philosophie verkörpert die Philosophie der ganzen arabischen Welt in der Zeit vom 5. bis zum Beginn des 14. Jahrhunderts der Hidschra: alle Autoren, Philosophen, Theologen und Mystiker jeder Denkrichtung sind von ihm geprägt... Avicenna ist wahrhaft *der* Philosoph des Islam.« Der Orient nannte ihn bald den »Fürsten unter den Gelehrten« (*al-schaich al-ra'is*). Gleichzeitig wirkte er jedoch auf vielen anderen Gebieten der Wissenschaft, etwa der Pharmakologie. Er entwickelte eigene Heilmittel und kann als Erfinder der Arznei in Tablettenform (Droge, Dragee) gelten. In der Medizin dürfte er manches al-Razi verdanken. Sogar die christlichen Philosophen des Mittelalters akzeptierten den Muslim Avicenna als Autorität, wenn sie ihn als den »zweiten Lehrer« bezeichneten, als erster Lehrer galt ihnen Aristoteles.

Ibn Sina, der bei den islamischen Mystikern, die ihn für sich reklamieren, schlicht als Abu Ali erscheint, stammt wie al-Farabi aus Mittelasien. Er wurde im Jahre 980 in dem kleinen Ort Afschana bei Buchara geboren. Heute ist die usbekische Nationalbibliothek in Buchara mit ihren annähernd 200 000 Bänden nach Ibn Sina benannt. Sein Vater sympathisierte mit dem Ismailitentum, das heißt jener Doktrin eines heterodox-schiitischen Islam, die unter Berufung auf Ismail, den Sohn des sechsten Imams Dschaafar al-Sadiq, die Herrschaft des sunnitischen Kalifates herausforderte. Diese auch als Siebenerschiismus (Sab'ija) bezeichnete Richtung des Islams war damals auf dem Vormarsch; in Gestalt der Fatimiden-Dynastie, die gerade erst Kairo erobert hatte (969), wurde sie zu Ibn Sinas Lebzeiten offenbar immer mächtiger.

Ibn Sina war ausgesprochen frühreif. Nach der üblichen Einweisung in Koran und Hadith begann sich der Jüngling Ibn Sina mit den Wissenschaften, vor allem der Medizin, dann mit der Philosophie zu beschäftigen. Doch auch die Mathematik hatte es ihm angetan. Sein Lehrer, der Philosoph und Mathematiker Abu Abdallah al-Natili, gestand ihm bald, daß er, der Schüler, längst mehr wisse als er selbst. So wechselte Ibn Sina den Lehrer.

Wir können ihn uns gut als Leseratte vorstellen, wie er die Bibliothek des Samaniden-Herrschers Nuh Ibn Mansur in Buchara mit Feuereifer durchforscht. Zu ihr hatte er freien Zutritt, seitdem er den Regenten von einer schweren Krankheit geheilt hatte. Er las sie durch, was seinem Wissensdurst freilich nicht genügte. Die Samaniden waren große Mäzene des Geistes, auf sie geht jene Wiedergeburt der iranischen Sprache und Kultur zurück, die man zu Recht als samanidische Renaissance bezeichnen kann. Unter anderem ist die neupersische Sprache ihr Resultat. Noch heute erinnert das eher bescheidene Mausoleum der Samaniden in Buchara, etwas abseits der Innenstadt gelegen, an diese bedeutende Herrscher-Dynastie. Unter den Samaniden wurde neben den Wissenschaften vor allem auch die Poesie in neupersischer Sprache (*Farsi*) gefördert, so daß ohne sie all jene Klassiker persischer Dichtung, die wir heute verehren, kaum denkbar gewesen wären. Ohne die Samaniden kein Rudaki, Ferdousi, Nezami, Saadi oder Hafis.

Vierzig Mal, so berichtet Ibn Sina in seiner Autobiographie, deren größten Teil sein treuer Schüler al-Dschuzdschani aufgezeichnet hat, habe er die Metaphysik des Aristoteles gelesen, ohne sie wirklich zu verstehen. Erst der Kommentar des al-Farabi habe ihm auf die Sprünge geholfen. Nach dem Ende seiner Jugend führte Ibn Sina ein Wanderleben, dem eine gewisse Unstetigkeit nicht abzusprechen ist. Zunächst studierte er in Buchara Medizin und Philosophie. Von Beginn an interessierte er sich jedoch auch für die Mathematik, die Logik und die Astronomie. Politisches Interesse kam hinzu. Noch in jungen Jahren wurde Ibn Sina Wesir beim Herrscher von Hamadan in West-Iran. Zuvor hatte er wegen der politischen Wirren, die mit der Zerschlagung der Samaniden-Herrschaft durch Sultan Mahmud von Ghazna zusammenhingen, seine Heimat verlassen müssen und war nach Gurgandsch, dann über Nisa und

Gurgan nach Rayy geflohen. Einen Ruf Mahmuds von Ghazna an dessen Hof hatte er abgelehnt, was eine gefährliche Sache war, denn Mahmud galt als Mäzen der Wissenschaften und Künste. Nach Streitigkeiten mit seinem Fürsten wechselte er den Hof und diente fortan dem Emir von Isfahan. Als dieser die Herrschaft über Hamadan erlangte, zog er mit ihm zurück an die ehemalige Stätte seines Wirkens. In Hamadan, dem antiken Ekbatana, ist der Philosoph und Weltweise im Jahre 1037 in mittlerem Alter von 56 Jahren gestorben. Das politische Engagement des Denkers war nicht ungefährlich, in den Wirren der kleinen Fürstenhöfe wäre der Philosoph beinahe das Opfer politischer Gegner, die den Mob auf ihn hetzten, geworden. Zweimal saß der Philosoph im Kerker ein und wartete darauf, zum Tod verurteilt zu werden. Wie er angesichts dieses rastlosen Lebenslaufes die Zeit fand, seine teilweise umfangreichen philosophischen und wissenschaftlichen Schriften abzufassen, bleibt ein Rätsel.

Seine intellektuelle Karriere war nicht frei von Anfechtungen durch die Orthodoxie. Konservative Religionsgelehrte erreichten, daß seine Bücher verbrannt wurden, einer der wenigen Fälle von Autodafé im Islam. Seinem Ruhm tat das jedoch keinen Abbruch. Auch seine private Lebensführung fand nicht immer den Beifall seiner Umgebung – ein Sachverhalt, der auch bei vielen Geistesgrößen des Westens zu konstatieren ist. Ibn Sina war ein starker Erotiker, dem Wein, dem Weib und dem Gesang zugetan, was ihn freilich nicht daran hinderte, ein großer Denker des Propheten zu werden. Er war eine starke Persönlichkeit mit einem tiefen, durchdringenden Geist.

Ich möchte Ibn Sina als psychosomatischen Denker bezeichnen. Was heißt das? Sein Gestus des Philosophierens wird vom Beruf des Arztes bestimmt, den er zeitlebens immer wieder ausübte. Er ist jedoch auch Seelenarzt. Sein medizinisches Hauptwerk, der lange Zeit autoritative »Kanon der ärztlichen Kunst« (al-Qanun fi al-Tibb), zeigt den empirisch ausgerichteten Naturforscher, aber auch den heilkundigen Weisen und Seelenkenner. Es gibt eben auch Erfahrungen der Seele und des Geistes, nicht nur des Leibes, mag dies der Positivismus noch so sehr bestreiten. Und umgekehrt: Ibn Sinas philosophisches Hauptwerk, das »Buch von der Genesung der Seele« (Kitab al-schifa') knüpft auch Beziehungen zur Heilkunst. Es ist keine Überinterpretation, wenn man die gesamte Philosophie Avicennas als Therapeutikum auffaßt. Der Unterschied zu modernen Auffassungen des Denkens könnte krasser nicht zum Ausdruck kommen. Er macht auch deutlich, daß Rationalismus und Rationalismus nicht immer dasselbe sind. Gewiß ist Ibn Sina Rationalist, doch seine Ratio ist eben Teil und Abglanz der göttlichen geistigen Quelle der Welt und als solche alles andere als nur ein Vermögen zur Abstraktion und Synthese. Mit kausal folgerichtigem Klügeln allein hat dieser Rationalismus, worauf der zeitgenössische iranische Philosoph Sajjed Hussein Nasr immer wieder hinweist, nichts zu tun. Im Grunde gilt dies für fast alle Denker, die wir hier behandeln. Ziel der Erkenntnis ist bei Ibn Sina nicht allein eine abstrakt gefaßte Wahrheit als »richtige« Übereinstimmung des Denkens mit den Sachen, sondern eben »Genesung (*schifa'*) der Seele« durch das Innehaben der Wahrheit in der Seele. In diesem Zusammenhang darf niemals übersehen werden, daß Ibn Sina bis heute auch in den zusammenfassenden Darstellungen der persisch/islamischen Mystik (*tasawwuf*, siehe unten) als Weisheitslehrer gewürdigt wird.

Aus der ersten und höchsten Ursache geht auch nach Ibn Sina durch emanierendes Überfließen seit Ewigkeit die Welt hervor. Das von al-Farabi vorgegebene Schema der zehn Intelligenzen wird von Ibn Sina ausgebaut. Nicht dyadisch (zwiefältig) sondern triadisch (dreifältig) vollziehen sich die Emanationen der einzelnen Intelligenzen, Seelen und Körper, die wieder mit den Himmelssphären identifiziert werden, auseinander bis herab zum *intellectus agens*, der die menschliche Seele hervorbringt. Sie ist eine immaterielle, rein geistige Substanz, die im Akt der Hervorbringung des Körpers individualisiert wird. Nach dem leiblichen Tod bleibt sie erhalten und erfährt ihr im Koran vorausgesagtes jenseitiges Geschick, das heißt Strafe oder Belohnung entsprechend der Lebensführung des Menschen, dem sie zugehörte.

Entscheidend für das Verständnis von Avicennas Philosophie ist seine echt aristotelische Unterscheidung zwischen notwendigem und nur möglichem Sein, die Ibn Sina aber wohl auch von seinem »Vorgänger« al-Farabi übernommen hat. In der Fachsprache der Philosophie spricht man von Aseität und Kontingenz. Notwendigkeit und Aseität kommen allein der ersten Ursache zu, in der Sein und Wesen, Akt und Potenz, zusammenfallen. Die erste Ursache hat Aseität, das heißt sie ist das einzige, das aus sich heraus nach Notwendigkeit besteht. Alle anderen Seienden in der Welt sind kontingent, nur der Möglichkeit nach existent. Sie könnten auch nicht sein, da sie den Grund für ihre Existenz nicht in sich tragen. Zwar führt Ibn Sina diese Argumentation nicht systematisch in die Form eines breit untermauerten Gottesbeweises über, doch seine abendländischen Schüler, die ihn fast so sehr verehrten wie den Aristoteles, haben dies später getan. Das Resultat ist der sogenannte »Kontingenzbeweis«, wie ihm im 17. Jahrhundert Leibniz ausgestaltet hat, durchaus angeregt vom Vorbild der mittelalterlichen Scholastiker. Wenn dieser auch die Existenz Gottes nicht beweist (seit Kants »Kritik der Reinen Vernunft« gelten die »Gottesbeweise« allgemein als erledigt), so ist der Gedankengang doch philosophisch ernst zu nehmen. Noch der französische Philosoph Sartre (1905–1980) diskutiert ihn unausgesprochen und natürlich ohne Bezug auf Avicenna in seinem Werk »Das Sein und das Nichts«, und zwar in einer Weise, die Avicenna recht gibt. Die Welt ist auch nach Sartre durch und durch kontingent, so sehr, daß sie einen Gott als Urheber eigentlich zwingend fordert. Wenn sich auch Sartre für den Atheismus entscheidet – aus Gründen, die hier nicht behandelt werden können –, so bleibt es doch eine unergründliche philosophische Frage, warum überhaupt etwas ist und nicht nichts. Denn in den einzelnen Seienden liegt kein Grund dafür. Sie sind nicht Ursache ihrer selbst.

Wegweisend für die Zukunft gewirkt hat auch Ibn Sinas Lösung des Universalienproblems. Seit der Antike wogte der Streit über die Natur und Seinsweise der Allgemeinbegriffe (*universalia*) hin und her. War der Begriff »Pferd« für das damit gemeinte Reittier nur ein Wort, eine zufällige Hervorbringung von Lauten (*flatus vocis*), die man dann auf alle Tiere mit denselben Merkmalen anwandte, wie die radikalen Nominalisten behaupteten? War somit der Allgemeinbegriff allenfalls eine Abstraktion und praktikable Übereinkunft? Oder nannte man es »Pferd«, weil es teilhatte an dem real existierenden Universalbegriff der »Pferdheit«? So sagten die sogenannten Realisten, für die der Allgemeinbegriff nicht weniger wirklich, ja sogar oft wirklicher war als das leibhaftige individuelle Pferd. Wer entschied denn aufgrund welchen Kriteriums, was zum Beispiel die gemeinsamen Merkmale waren? War es nicht umgekehrt, daß erst durch das »geistige Lesen« des Allgemeinbegriffs das einzelne Pferd als Pferd identifiziert werden konnte?

Die meisten Menschen sind heute gleichwohl im allgemeinen Nominalisten. Sie halten Benennungen weitgehend für zufällig, das heißt sie sind nur Übereinkünfte ohne eigenes Sein. Es handelt sich jedoch um eines der großen Probleme der Philosophie, das tiefste Fragen der Erkenntnis überhaupt berührt, Fragen nach der Natur der Mathematik und der Logik, der Sprache ebenso wie der Künste, ja sogar der Politik und des Staatswesens. Haben all diese Dinge irgendwie ein Wesen oder sind sie allein luftige Konstruktionen des Menschen? Universalien-Realisten, die glauben, daß die Allgemeinbegriffe in einer eigenen Welt für sich wirklich existieren, sind im allgemeinen Platoniker, orientiert an Platons Ideenlehre. Sie sind oft auch Mathematiker und bevorzugen die Methode der Deduktion, während die Induktion der Königsweg der empirischen Wissenschaften ist. Naturwissenschaftler sind heute meistens Nominalisten, wie auch der Rest all jener, die sich auf den »gesunden Menschenverstand« berufen.

Der Universalien-Realismus ist zum Beispiel wichtig, wenn man sich systematisch und kritisch mit dem sogenannten ontologischen »Gottesbeweis« auseinandersetzen will. Dieses von Anselm von Canterbury (1033–1109) gefundene Argument besagt, daß zur widerspruchsfrei gedachten Idee Gottes als des vollkommenen und absoluten Wesens, über das hinaus nichts Vollkommeneres und Absoluteres gedacht werden kann, unbedingt die Existenz gehört, sonst wäre sie sinnvollerweise nicht die Idee Gottes als eines vollkommenen und absoluten Wesens, über das hinaus nichts Vollkommeneres und Absoluteres gedacht werden kann. Dieses Argument ist für Nominalisten, für die Allgemeinbegriffe allein als Abstraktion im subjektiven Geist – eben als nur Gedachtes im Sinne von Ausgedachtem – bestehen, ganz unannehmbar, während zum Universalien-Realismus neigende Denker wie Hegel (»das Wahre ist das Ganze«) dieses anselmische Argument durchaus gelten ließen.

Ibn Sina versucht, differenziert insofern allen gerecht zu werden, als er folgende Klärung vorschlägt: Die Universalien sind, bevor Gott die Dinge hervorbringt, im Verstande des Schöpfers als Ideen; in den seienden Dingen sind sie dann als Wesen dieser Dinge irgendwie enthalten (das ist die Entelechie des Aristoteles, eine Hineinnahme der platonischen Idee in die Dinge) bis sie schließlich der menschliche Verstand im Erkenntnisprozeß nachgeordnet heraushebt (abstrahiert) und als Allgemeinbegriff erkennt. Ibn Sina beansprucht auf diese Weise, Realismus und Nominalismus zu verbinden. In Gott sind die Universalien a priori, im Menschen a posteriori, und in den Dingen, die Materie und Form vereinen, sind sie als ihr konstitutives Element verborgen, doch dem erkennenden Geiste offen: die universalia sind ante rem, in re und post rem.

Gegenüber den im Koran enthaltenen Glaubenswahr-heiten bemüht Ibn Sina die Unterscheidung zwischen bild-hafter und philosophischer Ausdrucksweise. Zur Belehrung der breiten Masse ist es angebracht, eine bildhafte, naiv-konkrete Sprache zu finden, da sie zur Rezeption philo-sophischer Begrifflichkeit selten imstande ist. So verheißt der Koran, zum Beispiel, die Auferstehung der Leiber – eine These, mit der der Philosoph rational nicht viel anfangen kann. Sie bringt freilich bildhaft zum Ausdruck, was der Phi-losoph abstrakt erkennen kann: daß die menschliche Seele, da eine geistige, immaterielle Substanz, nach dem leiblichen Tod in einer geistigen Form fortlebt. In Sachen Auferstehung der Leiber muß man jedoch auf die Wahrheit der Offen-barung vertrauen.

Im Denken Ibn Sinas ist die sufische Tradition Persiens als Begleiterin und Hintergrund des Rationalismus beständig anwesend. Wir haben ihn ja nicht zuletzt deshalb als psy-chosomatischen Denker bezeichnet, denn bei Ibn Sina kommt – etwa in seinem »Kitab al-ischaratwa al-tanbikat« (Buch der Zeichen und Ermahnungen), einer kurzgefaßten Enzyklopädie der mystischen Begriffe – immer zum Aus-druck, daß der Rationalismus nur eine Seite des geistigen Wesens der Menschen ausmacht. Die andere wird von der Mystik, von der »Kultur des Herzens«, gepflegt.

Ihr wollen wir uns im nächsten Anschnitt zuwenden. Es ist eine Philosophie, wie sie dem heutigen Positivismus nicht fremder sein könnte, sieht sie doch im Menschenherzen (al-qalb) das Organ des Erkennens. Es ist freilich ein Erkennen, das seinerseits mit einer äußerlich überprüfbaren Fakten-Kenntnis nichts zu tun hat. Bei Ibn Sina muß diese Seite sei-nes Denkens unter anderem im nachhinein erschlossen werden, weil das zu seinen Lebzeiten berühmte Werk über die »orientalische Weisheit« (al-hikma al-maschriqija) nicht auf uns gekommen ist. Henry Corbin hat Ibn Sinas mystische Gedanken gleichwohl rekonstruiert und ihre enge Ver-flochtenheit mit Traditionen des antiken Iran aufgezeigt. Ibn

Sina verläßt in diesem Gedankenkreis wohl das peripateti-
sche Weltbild, das üblicherweise mit ihm in Verbindung gebracht wird.

DIE ISLAMISCHE MYSTIK ALS TRÄGER
PHILOSOPHISCHER IDEEN

> *»Da blickte er um sich und sah*
> *nichts anderes als sich selbst«*
> (Brihadaranyaka Upanischad)

Dichter, Denker und Geliebte

In seiner Avicenna-Monographie wundert sich Ernst Bloch
ein wenig darüber, daß der aufklärerische Rationalismus der
»islamischen Philosophen« in seinem Kampf gegen die Orthodoxie unerwartet Schützenhilfe von den Mystikern erhalten habe; gerade von ihnen. Dies kann nun freilich nur
einen Beobachter überraschen, der, wie Bloch, ideologisch –
und hier eben im Sinne des Marxismus – darauf festgelegt ist,
in einer Erscheinung wie der Mystik letzten Endes immer
nur eine eskapistische Geisteshaltung zu erkennen: Mühse-
lige und Beladene entfliehen ihrer sozialen und/oder politischen Misere durch das Abdriften in den religiösen Tagtraum.
Zwar gehörte Bloch zu jenen marxistischen Denkern, die
noch ein gewisses Verständnis für mystische Bewegungen
aufbringen konnten; doch tat er dies nur im Zusammenhang
mit seinen im Marxismus wurzelnden »materialistischen«
Grundüberzeugungen.

Die Mystik ist jedoch vor allem ein zutiefst religiöses Phänomen. Sie ist das Streben nach individueller Vertiefung des
Glaubens, nach einer inneren Erfahrung Gottes mit dem
letzten Ziel, in der *unio mystica*, der einheitlichen Zusam-
menschau aller Gegensätze, den göttlichen Urgrund der Welt
zu erfahren und in ihm selig zu sein. Eine solche vertiefte
Religion ist von Beginn an darauf angelegt, jede Form von
gesetzeshafter Orthodoxie entweder abzulehnen oder doch

in das zweite Glied zu verweisen, wenn nicht gar zu überwinden. Mystik hat generell eine Tendenz zum Antinomismus.

Die Mystiker im Islam nahmen gegenüber dem religiösen Gesetz zwei Haltungen ein: Ein großer Teil befolgte es, sah in ihm jedoch nur die äußerliche Seite des Glaubens. Ein kleinerer Teil lehnte das Gesetz ab oder mißachtete es gar vollständig. Die extremste Haltung war diejenige der Malamatija-Schule, deren Anhänger sich durch bewußte und oft grobe Verstöße gegen das Gesetz den Tadel ihrer Umwelt zuzogen. Dadurch wollten sie gerade bei ihren Tadlern das Bewußtsein für solche Verstöße, das heißt für die Sünde schärfen. Insgesamt kam es zu zwei verschiedenen Formen mystischen Lebens im Islam, die man als Liebesmystik (*mahabba*) und Erkenntnismystik (*ma'rifa*) charakterisiert hat. Es gab Mystiker, die den mystischen Pfad (*tariqa*) praktisch begingen, und solche, die sich ihm eher intellektuell näherten, in einem mehr philosophischen, die Welt ausdeutenden Sinn. Ihr Weg verlief von der *schari'a*, dem Gesetz, über die *tariqa*, den mystischen Pfad, zur *haqiqa*, der göttlichen Wahrheit. Henry Corbin nennt sie gerne *docteurs soufis*, weil sie sich vornehmlich auf gelehrte Weise mit der inneren Gotteserkenntnis auseinandersetzten. Die Liebesmystik indessen wird stark von großen Dichtern arabischer und, mehr noch, persischer Zunge repräsentiert. Die klassische persische Dichtkunst, für welche so große Namen wie Attar, Nezami, Saadi, Hafis – um nur die wichtigsten zu nennen – stehen, ist von Mystik geradezu durchtränkt. »Mystische Zunge« (*lisan al-ghaib*) nannte man etwa den Dichter Hafis aus dem 14. Jahrhundert, in dem Goethe bekanntlich seinen Bruder im Geiste und poetischen »Zwilling« erkannte. Als poetisches Sujet treten in der Epik oft Liebespaare auf (Laila und Madschnun, Chosrau und Schirin), deren jeweiliges Verhältnis im religiös-mystischen Sinne umgedeutet wird. Geliebter und Geliebte sind Metaphern für Schöpfer und Geschöpf, die Liebessehnsucht entspricht der Sehnsucht des Menschen nach Gott, die Liebe selbst ist als irdischer Abglanz der Gottesliebe gesehen. In der lyrischen Dichtung der Perser hingegen entzündet sich der mystische Eros, was oft und gerne schamhaft verschwiegen wird, am schönen Knaben, der als »Schenke« (*saki*) oder als »Götze« (*but*) bezeichnet wird. Die liebende Verehrung des schönen Jünglings wird Anlaß zum Überstieg ins Transzendente, zur Quelle ewiger Schönheit: Gott. »Wahrlich, Gott ist schön und liebt das Schöne«, wie ein berühmter Vers heißt. Beschworen wird immer wieder der Wein als Metapher für die Trunkenheit in Gott. Nach Gott verzehrt sich der Mensch, wie der Falter nach der Kerzenflamme, wie die Rose nach der Nachtigall. Dabei kann der Wein, wie bei Hafis, doppeldeutig aufgefaßt werden: als realer »Treber«, der trunken macht, aber auch als Wein der höheren Erkenntnis. Einzelheiten über die Bildersprache dieser mystischen Dichtung gehören in Werke der Literatur, nicht der Philosophie.

Doch inwiefern interessiert die islamische Mystik, der Tasawwuf, überhaupt die Denker des Propheten, nicht nur seine Dichter? Manche der *docteurs soufis* sind, wie wir gleich sehen werden, eben auch Philosophen gewesen. Bei Ibn Sina klang das ja schon an. Sie entwickelten ihre mystischen Theorien auf der Grundlage von Anschauungen, die durchaus philosophischen Charakter tragen, eine Philosophie enthalten. Erkenntnistheoretische und ontologische Vorstellungen werden entwickelt, um entweder die Möglichkeit innerer Gotteserfahrung aufzuzeigen oder um ein Bild der Welt zu zeichnen, in dem sich Illuminismus und Rationalismus, die beiden Wege des Erkennens, wechselseitig ergänzen. Bald werden wir sehen, daß manche Denker des Propheten als Mystiker ebenso verehrt werden wie als Denker. Eine nicht ganz kleine Schwierigkeit besteht darin, daß die philosophischen Gedanken bei den mystischen Philosophen wie bei den Dichtern häufig verschleiert vorgetragen werden, gehüllt entweder in eine poetische Bildersprache, die man erst entschlüsseln muß, um zu verstehen, oder eben in eine religiöse Begrifflichkeit, die sprachlich der Dimension des Prophetentums entnommen ist. Letzteres spielt vor allem in jener mystischen Tradition eine Rolle, die von dem großen Sufi-Denker Ibn al-Arabi (siehe unten) gestiftet worden ist.

Gleichwohl bleibt die Frage nach dem Verhältnis zwischen Philosophie und Mystik bestehen. Die Tradition des neuzeitlichen Rationalismus im europäischen Denken, seit Descartes (1596–1650) vor allem, hat im allgemeinen darauf beharrt, daß philosophische Erkenntnis rationale Erkenntnis sei, die auch auf vernünftige Weise mitgeteilt und verstanden werden könne. Solche Definitionen schließen die Mystik als legitime Erkenntnisart scheinbar aus. Und sind diese Vorbehalte und Einwände denn nicht auch allzu berechtigt? Rationalisten wie Kant (1724–1804) wandten sich mit Recht gegen besondere Formen der geistigen Faulheit, die auf korrektes Denken verzichten und alles Erkennen einer »höheren Schau« anheimstellen, die man eben zu akzeptieren habe oder nicht. Falls Mystik so sein sollte, und oft wird sie so gesehen, hätte sie in der Tat mit der Philosophie überhaupt nichts zu schaffen.

Indessen lassen sich doch zwei Dinge festhalten: Auch die westliche Philosophie ist in ihrer nun fast drei Jahrtausende währenden Geschichte durchaus mit der Mystik verwoben gewesen. Schopenhauer hat dies als Wechselspiel zwischen Rationalismus und Illuminismus beschrieben. Schon bei Platon ist das Mystische mit Händen zu greifen, und über Pythagoras haben wir bereits gesprochen. Mystische Elemente enthielt das Denken der Stoiker, von den Neuplatonikern gar nicht zu reden. In der Philosophie des christlichen Mittelalters war die Mystik seit Augustinus anwesend, und sogar das Denken der Neuzeit kennt Mystiker, die wir doch augenscheinlich unter die Philosophen rechnen können, von Jakob Böhme über Schelling bis zu dem »Mystiker« Wittgenstein, der freilich meinte, daß man über die mystischen Erfahrungen lieber schweigen müsse. Mit diesem Argument traf er übrigens genau das, was auch viele Mystiker dazu sagten. Sie zogen das Schweigen dem Reden vor. Die moderne Naturwissenschaft hat nun gewisse Formen eines »hermetischen Rationalismus«, wie ich ihn nennen möchte, durchaus erschüttert und sich wieder Modellen angenähert, die mit mystischen Erfahrungen durchaus verträglich sind. Jedenfalls zeigt sich, daß der Gegensatz zwischen Rationalismus und einer als gänzlich irrational verstandenen Mystik so nicht existiert. Falls Mystik allerdings nur eine unüberprüfbare Exaltation des Gemüts sein sollte, so hätte Kant vollkommen recht mit seiner Abgrenzung von solcherart überflüssiger Geisterseherei.

Das Zweite ist: Es gibt, konstant bezeugt über viele Jahrtausende der Kulturgeschichte und in ganz unterschiedlichen Zivilisationen, ganz offenkundig mystische Erfahrungen, über die man wissenschaftlich – und das heißt doch wohl rational – sprechen kann. Der Religionswissenschaftler R. C. Zaehner, um nur dieses Beispiel zu nennen, hat vor Jahrzehnten mystische Erfahrungen anhand von Texten studiert und verglichen, die von christlichen Mystikern ebenso stammten wie von Hindus, Muslimen, ja sogar von ungläubigen »Mystikern« wie den Dichtern Proust, Baudelaire, Rimbaud, de Quincey und so fort. Er unterschied in seinem Werk »Mystik, religös und profan«, London 1963, eine theistische, pantheistische und säkulare, jedenfalls nicht-theistische Mystik – Definitionen, die wenig erhellen, aber zeigen, daß sich solcherart Erkenntnisse durchaus vernünftig mitteilen und kritisch sichten lassen. Das geistige Leben der Menschheit wäre erheblich ärmer ohne sie.

Doch die Frage bleibt, ob das denn auch zur Philosophie, zur »Liebe zur Weisheit« gehöre? Sie ist wohl damit verknüpft, welches Verständnis von Philosophie man überhaupt hat. Es gibt eben auch innere Erfahrungen, die nicht in Labors zu simulieren sind und gleichwohl zum Bestand dessen gehören, was Geist und Seele seit Beginn der menschlichen Kulturgeschichte an wichtigen Erkenntnissen erworben haben. Letzten Endes geht es für jeden einzelnen wohl darum, wie weit oder eng er den Begriff »Rationalismus« zu fassen bereit ist. Freilich: ein unverbindliches Daherreden, das sich unter Berufung auf höhere Erkenntnis der Kritik nicht stellt, kann mit dem Ethos der Philosophie nicht vereinbart werden. Wer sich mit den großen Mystikern der Geschichte beschäftigt, lernt recht bald die Spreu vom Weizen zu trennen, bloße Behauptungen von offenkundig wirklichen Erfahrungen zu unterschieden.

Zaehner führt dafür in seinem Werk eindrucksvolle Belege an, etwa wenn er zeigt, daß keineswegs jede Exaltiertheit von den Mystikern gutgeheißen oder als echte mystische Erfahrung anerkannt wurde. So konnte der berühmte Sufi al-Quschairi offenbar wirkliche spirituelle Erfahrungen von krankhaften Erscheinungen, wie manisch-depressivem Verhalten, unterscheiden. Diesen krankhaften Zuständen widmen sich die heutige Psychologie und Pyschoanalyse. Man kann so den Verdacht hegen, daß die Seelenkenntnis jener Mystiker diejenige unserer modernen Psychiater gelegentlich sogar übertraf.

Früher glaubte man einmal, der Islam habe aus sich heraus keine Mystik hervorgebracht. Man griff zur Erklärung auf indische, das heißt hinduistische oder buddhistische Vorbilder zurück, die den sonst eher nüchternen Islam von außen beeinflußt hätten. Als typische Gesetzesreligion sei dem Islam so etwas wie Kontemplation und Mystik fremd, hieß es.

Solche Thesen sind heute längst widerlegt. Wie alle Hochreligionen hat eben auch der Islam eine Mystik hervorgebracht. Textlicher Ursprung ist letzten Endes der Koran, in dem gewisse Verse, etwa der berühmte Lichtvers in der Sure 24, Vers 35, geradezu nach einer mystischen Auslegung schreien. Zeitlicher Ursprung ist der Frühislam, wo schon wenige Jahre nach dem Tode des Propheten eine asketisch-beschauliche Bewegung entstand, die nach einer substantiellen Vertiefung und Verinnerlichung des Glaubens strebte. Asketen begannen, sich in einfache Wollgewänder zu kleiden, als Zeichen für den Willen zu Armut und Verzicht. Um den früher schon erwähnten Hasan al-Basri scharten sich Gleichgesinnte, die bereit waren, ihrer inneren Stimme zu folgen. Einen ersten Höhepunkt erlebte die Liebesmystik, in welcher Gott als der göttliche Geliebte, weniger als der absolute Herr aufgefaßt wird, in Gestalt der Mystikerin Rabi'a al-Adawijja (712–801). Der Sufismus war überhaupt ein Feld, in dem auch Frauen ihren Anteil am geistigen Leben des Islams fanden. Im 8. und 9. Jahrhundert erreicht die Mystik im Irak, aber auch im ostislamischen Raum dann einen ersten Gipfel mit Gestalten wie al-Harith al-Muhasibi, Sahl al-Tustari, al-Dschunaid und besonders al-Husain Ibn Mansur al-Halladsch, der für seine kompromißlose Aneignung eines unkonventionellen mystischen Lebenswandels mit dem Tode büßte. Er wurde im Jahre 922 zu Bagdad hingerichtet. Weiter im Osten gewann Bayazid Bistami mit seinen ekstatischen Erlebnissen großen Ruhm, hinter denen sich nach der Auffassung der meisten Gelehrten eine Alleinheits-Lehre verbirgt.

Philosophisch sind die Sufis wohl im weitesten Sinne als Phänomenalisten einzuordnen. Die sichtbare Welt ist nur die Außenseite der Schöpfung, ihre Schale oder ihr Schleier. Durch die Schulung des Geistes kann dieser Schleier allmählich gelüftet und durchstoßen werden, so daß der Gläubige zum göttlichen Kern der Schöpfung vordringt. Die Erkenntnistheorie ist illuministisch und kreist um die geistige Gabe der mystischen Intuition. Es ist ein schwieriger und dorniger Weg, der vor dem Sufi liegt. Mit einer verblasenen Esoterik modernen Zuschnitts hat er nichts gemein. Strenge geistige Disziplin und Konzentration werden verlangt. Die mystischen Lehrer, denen die Adepten zu folgen haben, entwickelten eine Reihe von spirituellen Stationen (*mawaqif*) und Zuständen (*ahwal*) auf dem Wege Gottes (*sabil Allah*), der gelegentlich auch als innerer Dschihad bezeichnet wurde. Am Beginn steht die »tauba«, die reuige Umkehr. Bevor weitere Fortschritte erzielt werden können, gilt es, die Triebseele (*nafs*) in den Griff zu bekommen. Dieser Zustand ist erreicht, wenn der Mensch die Triebseele beherrscht »wie der Reiter sein Pferd«. Normalerweise verhält es sich umgekehrt. Strenge Askese oder gar der Zölibat sind nicht immer gefordert. Neben Sufis, die in Ehelosigkeit lebten, gab es auch solche, die ein normales Familienleben führten, lehrt doch der Glaube: keine Möncherei im Islam! Zwar soll sich der Adept nicht in einer Weltverachtung ergehen, die die Schöpfung schmäht, doch muß er loslassen können. Er muß von den ihn treibenden Bindungen an die weltlichen Dinge innerlich freiwerden durch das »Sterbet, ehe ihr sterbet!« (*Mutu qabla an tamutu*). Ziel der mystischen Pilgerreise der Seele ist dann das Entwerden (*fana'*) und Dauern (*baqa'*) in Gott.

Dieses mystische Modell von Religion hat die Orthodoxie lange Zeit mit scheelen Blicken begleitet. Der Mystiker gerät immer und überall in den Verdacht, außerhalb des religiösen Kollektivs zu stehen, über das die Orthodoxie gebietet. Zudem galten einige Lehren als inakzeptabel. Zum Beispiel, daß der Mensch durch eigene Bemühung die Vereinigung mit Gott erlangen könne. Gemäßigte Sufis lehnten dies denn auch ausdrücklich ab, während andere darauf beharrten, daß dies möglich sei. Und je ekstatischer sie sich gaben, desto mehr traf sie der Vorwurf, sie glaubten daran, daß Gott im Mystiker Mensch werden könne. Dies war die ketzerische Lehre von *hulul*, der »Einwohnung« Gottes im Menschen. In der Theologie war, wie wir sehen werden, der Vorwurf des Pantheismus immer gegenwärtig. Schon gegen Bayazid Bistami wurde er erhoben. Der große Theologe und Philosoph al-Ghazali (siehe unten) sorgte am Ende dafür, daß wenigstens gemäßigte Formen der Mystik in den orthodoxen Islam integriert werden konnten. Sie wirken dort bis heute fort.

Unter die Denker des Propheten wollen wir deshalb auch zwei Mystiker rechnen, deren Ruhm und Ruf bis heute ungebrochen ist. Wie niemand sonst haben sie mit ihren Ideen und mit ihrer sufischen Praxis das geistige Leben des Islams geprägt. Der erste ist der schon erwähnte al-Halladsch, der zweite ist Maulana Dschalal al-Din Rumi (1207–1273), der große Poet und Weise von Konya.

Al-Husain Ibn Mansur, genannt »al-Halladsch«, der Wollkrempler, wurde im Jahre 857 in einer persischen Familie im Westen Irans geboren. Er studierte bei Gelehrten im nahegelegenen Irak, so in Tustar bei dem Mystiker Sahl, dann in Basra bei Amr Ibn Uthman al-Makki, schließlich in Bagdad, wohin ihn der Ruf des bedeutenden Mystikers al-Dschunaid gelockt hatte. Er wurde für lange Zeit sein Schüler. Bis zu diesem Zeitpunkt verlief al-Halladschs Leben, das von dem französichen Gelehrten Louis Massignon (1883–1962) akribisch rekonstruiert und als spirituelle Biographie nachgezeichnet worden ist, nicht ungewöhnlich. Er machte die Pilgerfahrt nach Mekka (insgesamt viermal) und war auch durchaus bereit, das religiöse Gesetz zu achten. Doch ausgedehnte Reisen nach Indien und Turkestan, wo er den Islam predigte, brachten ihn mit anderen Religionen und deren Gläubigen in Berührung, vor allem mit Hindus, Buddhisten und mit den Manichäern. Man kann sich schwer vorstellen, daß dies nicht ohne Einfluß auf den jungen Denker und Ekstatiker blieb.

Zum Bruch mit al-Dschunaid kam es, als al-Halladsch in seinem Konvent mit dem Satz: »Ich bin die schöpferische Wahrheit« (*ana al-haqq*) für einen Eklat sorgte. Dschunaid und seine Schüler verstanden diesen Ausspruch offenbar blasphemisch, al-Halladsch habe nichts weniger behauptet, als daß er durch seine mystische Praxis mit Gott identisch geworden sei. Die Wahrheit war komplizierter. Al-Halladsch hat in seinen Werken, zum Beispiel in seinem Diwan und im »Kitab al-tawasin«, zum Ausdruck gebracht, was er mit seinem zugespitzten Ausspruch meinte: daß menschliche und göttliche Natur sich in der *unio mystica* durchdringen, ohne sich freilich jeweils aufzugeben. Solche auf den Punkt gebrachten, oft paradox formulierten Sentenzen waren typisch für viele Sufis und gaben Anlaß zu mancherlei Mißverständnissen. Halladsch stellte sie richtig, als er schrieb: »Wer meint, daß die Göttlichkeit sich mit der Menschlichkeit mische, oder die Menschlichkeit sich mit der Göttlichkeit mische, ist ungläubig. Denn Gott der Erhabene hat sich in Seiner Essenz und Seinen Attributen von den Essenzen und Attributen der Geschöpfe isoliert. Er ähnelt ihnen auf keine Weise, und sie ähneln Ihm in keiner Weise. Wie könnte man sich eine Ähnlichkeit zwischen dem Vorzeitlichen und dem in der Zeit Geschaffenen vorstellen. . .?«

Al-Halladsch repräsentiert eine individualistische, beinahe existenzialistische Liebes-Theologie, die sich aus der Mystik speist. Der Vorwurf der Blasphemie trifft gewiß nicht zu, denn al-Halladsch hat immer wieder bekräftigt, daß die vom Sufi erlebte mystische Einung anders aufgefaßt werden müsse denn als absoluter Identitätsaustausch. Wenn Gott die Seele des Mystikers »ausfüllt«, bleibt er doch ganz Gott und der Mensch ganz Mensch. Es sind eben Dinge, bei denen Worte oft versagen und der Sufi sich eigentlich in Schweigen hüllt. Es waren denn auch vorwiegend politische Gründe, die al-Halladsch an den Galgen brachten. Gründe der Staatsräson und ihrer vorgeblichen Gefährdung durch diesen aufwühlenden Geist, weniger theologische, die man offenkundig nur vorschob.

Ein Ekstatiker der Liebes-Mystik ist auch Rumi. Er war gleichfalls Perser, stammte aus der ostiranischen Landschaft Chorassan und kam mit seinem Vater, einem Gelehrten, nach Anatolien, wo er sich in Konya, der Hauptstadt der Seldschuken von Rum, niederließ. Auch Rumi wurde zunächst Gelehrter. Da traf er den wandernden Derwisch Schams al-Din aus Täbris und verfiel ihm, wie es heißt, mit Haut und Haar. Der Täbriser Meister muß eine unglaublich beeindruckende Persönlichkeit gewesen sein, wenn ein Mann wie Rumi ihm auf diese Weise verfiel. »Sonne des Glaubens« heißt er bei Rumi, so wie es sein Name ausdrückt. Rumi schloß sich so eng an diesen Meister des Sufismus an, daß seine Schüler diesen eines Tages aus Eifersucht auf seinen

Einfluß töteten. Im Schmerz um den Verlust des geliebten Meisters verwandelte sich Rumi in einen Dichter. Schams wird zur mystischen, geistigen Sonne seines Lebens, um die sich seine gewaltige dichterische Schöpferkraft dreht. In seinen Ghaselen, in seinem umfangreichen mystischen Versepos, dem »Mathnawi«, das sehr viel später unter der Inspiration eines anderen Seelenfreundes entstand, sowie in der Prosa-Abhandlung »Darin ist, was darinnen ist« (*Fihi ma fihi*) preist er die mystische Liebe zu Gott, deren Sinnbild immer mehr der verlorene Geliebte wird. Mit dessen Ich identifiziert sich sein Ich bis hin zur annähernden Identität. Auch hier witterte die Orthodoxie wieder geistigen Unrat: die unterstellte Gleichheit von Gott und Mensch. Doch die Liebe zu Schams oder wem auch immer, wenn sie richtig aufgefaßt wird, ist eine Angelegenheit, über die nicht gerichtet werden kann, sagt Rumi doch in einem Vierzeiler (übersetzt von Cyrus Atabay (1929–1997), der sich in seiner eigenen Lyrik in vielem Rumi verpflichtet fühlte):

Zwischen Aufruhr und Freudentaumel
Kann man in der Liebe nicht unterscheiden;
In Dingen der Liebe ist das Urteil des Richters nichtig
Und seine Sprache stumm.

Knapper als in seinem oft überbordenden Epos hat Rumi in den Gedichten die Philosophie der Liebe niedergelegt. Annemarie Schimmel, die große Vermittlerin des Sufismus an die Deutschen, hat ein besonders treffendes Distichon aus dem Diwan des Mystikers in die Verse gefaßt:

Mein Herz ist der Muschel gleich,
die Perle: des Freundes Traum.
Ich passe nicht mehr in mich,
er füllt ganz den Herzensraum.

Angesichts dieser Identifizierung des eigenen Ichs mit dem mystisch Geliebten kann es nicht verwundern, daß Rumis Gedichte unter dem Namen »Diwan des Schams aus Täbris«

erschienen ist, denn Rumi gibt sein Ich zugunsten des Geliebten auf. Am schönsten kommt dieser Gedanke in einem Gedicht zum Ausdruck, in dem der Freund an die Türe des Freundes klopft und auf die Frage, wer da sei, antwortet: Ich. Doch erst als der wegen dieser Antwort zurückgewiesene Freund mit »Du, Du stehst davor« antwortet, läßt ihn der Besuchte ein, denn »zwei Ichs schließt dieses Haus nicht ein«.

Die göttliche Liebe ist freilich für Rumi auch ein im Weltall präsentes Prinzip. Sein Liebes-Begriff ist eine kosmische All-Liebe, die in allen geschöpflichen Dingen wirkt. »Die Kraft im Saft der Reben ist die Liebe«, wird es ein persischer Dichter-Philosoph ausdrücken. In bestimmten Formen der Kunst, in der Wort-Musik ebenso wie in der Musik und im Tanz, kann die göttliche Ekstase erfahren werden – eine gänzlich unorthodoxe Meinung Rumis. In jenem auf Anregung Rumis zurückgehenden Reigentanz, den der Orden der Mevlevi-Derwische bis heute praktiziert, kann ein menschliches Abbild jenes Reigens gesehen werden, den die Planeten, sinnbildlich gesprochen, um die Sonne tanzen, die Geschöpfe um ihren Schöpfer, die Seele, die um Gott als ihre eigentliche Mitte kreist. Das Ritual des »Sema«, wie dieser Reigentanz genannt wird, kann auf diese Weise äußerlich kosmisch aufgefaßt werden, aber auch ganz auf den Menschen bezogen.

Als Dichter verbirgt Rumi, den die Türken Meister Mevlana nennen, seine philosophisch-religiösen Lehren natürlich immer in seinen Versen. Seine platonische Einstellung wird schon in den berühmten Anfangszeilen seines Versepos deutlich, wo es in Anlehnung an die Übersetzung des Barons von Rosen heißt:

»Hör auf der Flöte Rohr, was es verkündet,
Hör, wie es klagt, vom Sehnsuchtsschmerz entzündet:
Als man mich abschnitt am mit Schilf bewachs'nen See,
Da weinte alle Welt bei meinem Weh.
Ich such ein sehnendes Herz, in dessen Wunde

Ich gieße meines Trennungsleides Kunde,
Sehnt doch nach des Zusammenbleibens Glück
Der Flüchtling allzeit sich zurück.
Klagend durchzog ich deshalb alle Welt. . .«

Die menschliche Seele wird hier mit dem Schilf verglichen (wer dächte da nicht an Pascals berühmtes Wort, der Mensch sei nichts als ein »denkendes Schilfrohr«?), das man am Ufer des Sees abgeschnitten hat. So ist die menschliche Seele ihrer göttlichen Heimat verlustig gegangen und wünscht sie zurück, ein Gedanke der Gnosis. Der Weg des Sufis ist dieser Weg, der in Liebe und Erkenntnis besteht. Dieser Weg ist beschreitbar, mag der Mensch auch gelegentlich daran zweifeln. In Rumis Vers:

»Den Sinnen nur fehlt der Erkenntnis Licht«

ist im Grunde nichts anderes angedeutet als Goethes berühmte »Faust«-Worte:

»Die Geisterwelt ist nicht verschlossen,
Dein Sinn ist zu, Dein Herz ist tot.
Auf, bade, Schüler, unverdrossen
Die ird'sche Brust im Morgenrot. . .«

Mystik, religiöse und künstlerische Ekstase, kosmische Religiosität sind die wichtigsten Themen Rumis. Hat der Weise von Konya auch schon entwicklungsgeschichtliche, evolutionäre Gedanken hinsichtlich des Kosmos und des Menschen gehegt? Damit wäre er so etwas wie ein früher Vorläufer Teilhard de Chardins (1881–1955), der auch Religion und Entwicklungslehre, geleitet von einer kosmologischen Religiosität, zusammendachte. Was bedeuten Verse, wie sie Friedrich Rückert (1788–1866) aus dem Mathnawi Rumis übertragen hat?

»Siehe, ich starb als Stein und stand als Pflanze auf,
Starb als Pflanze, nahm dann als Tier den Lauf.
Starb als Tier und ward ein Mensch. Was fürcht' ich dann,

Da durch Sterben ich nie minder werden kann?
Wieder, wenn ich werd' als Mensch gestorben sein,
Wird ein Engelsflügel mir erworben sein,
Und als Engel muß ich sein geopfert auch,
Werden, was ich nicht begreif', ein Gotteshauch...«

Ich überlasse die Auslegung solch ungewöhnlicher Verse dem Leser.

Das dichterische wie denkerische Werk Meister Rumis ist in der Türkei bis heute ungeheuer populär. Seine Heimatstadt Konya wird in unseren Tagen politisch und geistig von den Islamisten beherrscht, die auch mit seiner Person für sich und ihre Stadt werben, was dem Meister selbst wohl weniger recht wäre, wenn er es erleben könnte, denn seine Vision des Glaubens als Religion der kosmischen Gottes- und Menschenliebe unterscheidet sich radikal vom islamischen Dogma, in dem der Mensch vornehmlich als »Gottesknecht«, und zwar im wörtlichen Sinne, apostrophiert wird. Meister Rumi, dessen später von seinem Sohn Sultan Veled begründeter »Orden« der Tanzenden Derwische im Jahre 1925 im Zusammenhang mit den weltlichen Reformen unter Kemal Atatürk verboten worden war, bietet auch den zeitgenössischen türkischen Intellektuellen eine Möglichkeit, auf dem Boden der islamischen Werte zu bleiben, in einer Weise, die man als im weitesten Sinne »freigeistig« bezeichnen kann. Dies gilt ja für einen großen Teil der gesamten Mystik im Islam (und nicht allein dort). Die Zahl der Dichter und Denker in der heutigen Türkei, die sich auf Rumi als Vorbild berufen, ist groß.

EIN SKEPTISCHER MYSTIKER ODER MYSTISCHER SKEPTIKER?

Über Omar Chajjam

Obwohl Giyath al-Din Abu al-Fath Omar Ibn Ibrahim al-Chajjami unter dem Namen Omar Chajjam (»der Zeltmacher«), eine weltberühmte Persönlichkeit des Orients, wenn auch kein Philosoph im klassischen Sinne gewesen ist, muß er doch als einer der eigentümlichsten und faszinierendsten Denker und Geister der islamischen Welt betrachtet werden. Seitdem der Engländer Edward Fitzgerald um die Mitte des 19. Jahrhunderts (1859) eine große Zahl seiner als klassisch geltenden Vierzeiler (*ruba'ijjat*) in einer recht freien englischen Übertragung einem europäischen Publikum zugänglich gemacht hat, beschäftigt »der Zeltmacher« tiefer veranlagte Menschen im Westen ebenso wie in seiner Heimat, das heißt im weitesten Sinne in Iran, immer wieder. Dort ist der Disput um den Mann und sein Werk gerade in den vergangenen Jahrzehnten aufs neue aufgeflammt. Dabei werden bisweilen extreme Urteile gefällt.

Warum ist das so?

Zunächst muß man wissen, daß Omar Chajjam zunächst gar kein Dichter war, sondern Mathematiker, Physiker und Astronom. Er verbrachte den größten Teil seines Lebens, das im Jahre 1048 in der ostiranischen Stadt Nischapur begann und 1121 oder 1131 endete, als Naturforscher, beschäftigte sich mit Himmelsbeobachtungen und Kalender-Berechnungen. Auf seine Arbeiten geht jene Kalenderreform zurück, die im Iran der Seldschukenzeit unternommen wurde. Als Legende hat sich vielleicht erwiesen, daß er mit dem berühmten, von den Assassinen ermordeten Wesir Nizam al-Mulk und mit Hasan al-Sabbah, dem Begründer des radikalterroristischen, siebener-schiitischen Assassinen-Ordens, in seiner Jugend persönlich bekannt gewesen sei. Sein Gönner war der mächtige Seldschuken-Sultan Malikschah, später dann dessen weniger mächtiger Sohn Sandschar. Daß Omar der Zeltmacher auch Gedichte schrieb und auf diesem Felde besonders die Kurzform des Vierzeilers (*ruba'i*) pflegte, ist wohl eher als eine Art Hobby, wenn nicht gar als Marotte eines überragenden Wissenschaftlers zu betrachten. Bis vor kurzem haben ihn iranische Literaturhistoriker deshalb auch gar nicht als Dichter wahrgenommen; oder wenn dies einmal geschah, dann wurde sein Wert als schöpferischer Poet nicht besonders hoch veranschlagt. Seine Lyrik ist einfach, entbehrt jener sprachlichen Vertracktheiten, Kunstfertigkeiten und Künsteleien, die für einen großen Teil der persischen Hochpoesie im Mittelalter, besonders für den sogenannten indischen Stil, charakteristisch gewesen sind. Es zeigt sich vielleicht, daß gerade diese relative Einfachheit, verbunden mit gedanklichem Tiefsinn, die Wirkung Omar Chajjams im Westen erklärt. Richtig ist gleichwohl, daß auch schon Ibn Sina, ein ausgesprochener Philosoph und Universalgelehrter, die Gattung des Vierzeilers gepflegt hat. Nach eigenem Bekenntnis hat Omar Chajjam die Philosophie in Gestalt der Werke Ibn Sinas studiert. Und als Gelehrter mußte er später auch auf Fragen antworten, die ihm auf dem Felde der Philosophie gestellt wurden. »Der Zeltmacher« soll Omar einer landläufigen Meinung zufolge genannt worden sein, weil sein Vater diesen Beruf ausgeübt habe; doch auch das ist unsicher. Es kann sein, daß die Bezeichnung ein Sufi-Name ist, der eine bestimmte Haltung ausdrücken soll. Von Omar wird ein Vers überliefert, der darauf anspielt:

Gar mancher hat von früh bis spät
Am Zelt der Philosophie gewebt,
Bis Schicksals Schere das Lebensseil ihm kappt
Und Trödler Tod ihn um ein nichts ersteht.

Seine Dichtung ist Gedankenlyrik, die wie besessen um einige wenige philosophische, metaphysische Themen und Fragenkomplexe kreist. Sie rechtfertigen es, Omar Chajjam auch als Philosophen zu behandeln. Es sind die Fragen, die die Sufis und die Philosophen beschäftigt haben: nach dem Sinn der Schöpfung, nach Gott, nach dem Jenseits, nach Lohn und Strafe, nach dem Schicksal der Seele nach dem Tod, nach der Möglichkeit einer wirklichen Erkenntnis des Absoluten. Dabei ist vielen Forschern aufgefallen, daß der Zeltmacher zu äußerst disparaten, widersprüchlichen Ansichten neigt, die es unmöglich machen, von einem konsistenten Gedankensystem bei ihm zu sprechen.

Über tausend Vierzeiler sind in manchen Sammlungen von Omar überliefert, doch ist die Frage, welche von ihnen echt sind und welche nur »Geist von seinem Geist«, bis heute strittig. Ein großer Verehrer des Zeltmachers, der moderne iranische Autor Sadeq Hedajat (gest. 1951), dessen pessimistisches Weltbild demjenigen des Dichters glich, erkannte nur etwa hundert Vierzeiler als authentisch an. Manche Gelehrte glauben gar, nur 23 stammten wirklich aus der Feder des Zeltmachers. Andere, wie Ali Daschti, sprechen von 57. Es ist fraglich, ob dieses Problem einmal endgültig gelöst werden kann.

Die Lektüre der Vierzeiler Omars offenbart den Geist eines Skeptikers, der zwischen der Sehnsucht nach gültiger metaphysischer Erkenntnis und dem Drang zu überbordender epikuräischer Lebenslust hin- und herschwankt. Die Wahrheiten der Religion erscheinen dem Verstande unergründlich, sie sind allenfalls im mystischen Streben zu erfahren. Doch im Unterschied zur großen Mehrheit der Sufis ist Omar auch in bezug auf die innere Erfahrung der göttlichen Person von einer gewissen Skepsis durchdrungen. Seine zutiefst gebrochene Religiosität mutet ganz modern an. Der metaphysische Zweifel grundiert schon die Kritik am überkommenen monotheistischen Gottesbegriff, wenn Omar dichtet:

Als Du das Leben schufst, schufst Du das Sterben,
Die eignen Werke weihst Du dem Verderben.
Wenn schlecht Dein Werk war, sprich, wen trifft die Schuld?
Und war es gut, warum schlägst Du's in Scherben?

Agnostische Zweifel grundsätzlicher Art bieten auch folgende
Verse:

Von diesem Kreis, in dem wir hier uns drehn,
Kann ich nicht Anfang und nicht Ende sehn.
Noch keiner sagt' mir, wo wir kamen her,
Und keiner weiß, wohin von hier wir gehn.

Die Welt erscheint dem Gelehrten und Dichter als sinnlos in
sich kreisendes Rad, ohne Anfang, ohne Ende. Steckt dahin-
ter die alte »heidnische« Vorstellung vom zerstörerisch in
sich kreisenden Gott der Zeit, den die vorislamischen Iraner
als »Zervan« bezeichnet haben? In Iran gilt den Dichtern oft
auch das Himmelsrad (*tscharch-e falak*) als Symbol eines un-
erklärlichen Geschicks, dem man nicht entrinnen kann. Mit
der Vorstellung vom Himmelsrad war der Astronom Omar
weiß Gott nur allzu vertraut. Alle Fragen nach Anfang und
Ende der Welt, wie sie die herkömmliche Religion thematisiert, nach dem Beginn des Lebens (Schöpfung) und seinem
künftigen Schicksal (Jenseits) sind unergründlich und werden es ewig bleiben. Dem Mathematiker und Astronomen,
der den Himmel beobachtet, erscheint das Leben des einzelnen wie ein Tropfen im Ozean des Seins, der sich zu Unrecht
für besonders wichtig hält. Das illustriert folgender Vierzeiler:

Ein Wassertropfen stürzte in die Meereswogen,
Ein Staubkorn ward vom Sand der Wüste aufgesogen.
Was ist in dieser Welt dein Kommen und dein Gehn?
Herbei kam eine Fliege – und ist wieder fortgeflogen.

Diese die Individualität objektivierende, ja gänzlich relati-
vierende Einsicht, die auch heute viele Naturwissenschaftler

kennzeichnet, macht auch vor den Großen der Weltgeschichte nicht Halt. Omar schreibt ihnen ins Stammbuch:

> *Sie ruhn im Staub, um die sich einst die Welt gedreht,*
> *Sie lagen stets im Staub auch vor der Majestät*
> *Des eignen Ichs. O Schenke, glaube mir:*
> *Ihr Wort war leerer Schall, vom Wind verweht.*

Ist das schon moderner Nihilismus oder nur Weisheit aus objektiver Einsicht? Und welchen Ausweg gibt es aus der Skepsis, jener unsagbaren metaphysischen *insecuritas*? Denn daß Omar Chajjam einen unerschütterlich-festen Glauben an den Gott der Orthodoxie gehabt hat, kann wohl bezweifelt werden. Seine Religiosität war anders: Er war mehr ein lebenslanger Gottsucher, von vielen theologischen Zweifeln und Skrupeln geplagt. Eine gewisse Sehnsucht nach Vernichtung, damit das Fragen und die Ungewißheit ein Ende finden, ist nicht zu übersehen im Werk des Zeltmachers.

Die entgrenzende (auch betäubende?) Entfaltung der Sinne, der irdischen, diesseitigen Dimension, bietet sich da dem Epikuräer an. Etwa, wenn es heißt:

> *Nicht können die geheimnisvollen Lehren*
> *Spitzfind'ge Philosophen uns erklären.*
> *Schaff hier mit Krug und Wein dir einen Himmel,*
> *Vielleicht gelangst du einst nicht zu den Sphären!*

Lustvolle Anakreontik scheint sich dem Dichter und Denker zunächst als Heilmittel zu empfehlen, im Sinne eines *carpe diem*, das um Wein, Weib und Gesang zentriert ist. Es versteht sich, daß diese auch bei anderen persischen Poeten verbreitete Haltung des rauschhaften Lebensgenusses (auf Persisch: *rendi*) den orthodoxen Gelehrten ein Greuel gewesen ist. In dem im Namen des Zeltmachers überlieferten *corpus* von Gedichten machen die anakreontischen oder epikuräischen einen nicht geringen Teil aus, wobei wieder an die Doppeldeutigkeit der Metapher »Wein« zu erinnern ist: Wein als konkretes Rauschmittel und Wein als höhere Erkenntnis

Noch einen Schluck des roten Weins, schon will es tagen,
Laßt uns am Stein das Glas des guten Rufs zerschlagen,
Weist von der Hand, nach der Erlösung Weg zu fragen,
Laßt uns, mit Liebchens Locken spielend, Laute schlagen!

Oder ein anderes Beispiel:

Trinkt von dem Wein, vor dem die Ewigkeit versinkt,
Der unerschöpflich, Jugendfreude spendend, winkt.
Wie Feuer brennt er, doch des Tages Kummer
Verwandelt er in Lebenswasser – darum trinkt!

Es wäre allerdings verfehlt, wollte man in Chajjams Aufforderung zum Lebensgenuß einen gänzlich ungeistigen He-
donismus erkennen, dazu ist er ja ein viel zu tiefer Denker.
Als Naturwissenschaftler ist ihm die »Einheit des Lebendigen« nicht entgangen, die Tatsache, daß wir alle aus
einem Stoff geschaffen sind. So ist ein wichtiges Motiv in
seinen Vierzeilern, daß die Toten und Lebenden in der Materie, aus der die Welt besteht, miteinander verbunden sind:

Jüngst sah ich einen Töpfer im Basar,
Der unbarmherzig schlug, wie ein Barbar,
Den frischen Lehm; der stöhnt geheimnisvoll:
Sei gut zu mir, wie du auch ich einst war!

Dasselbe Motiv in etwas anderer Gestalt bringt dieses folgende Ruba'i:

Ein Mann ging auf dem Dache einsam auf und ab,
Sein Fuß dem Lehm des Estrichs achtlos Tritte gab.
Da raunt der Lehm: Auch über dich geht einst ein Fuß
Hinweg, wenn sich dein Staub mit Erde mischt im Grab.

Die Vorstellungen von »Auslöschung« und »Vernichtung«
kommen allzu oft in des Zeltmachers Versen vor, als daß man
ihnen nicht zentrale Bedeutung im Werk des Denkers und
Dichters einräumen könnte. Bedeuten sie dasselbe wie das
»Entwerden« der Sufis, oder sind sie nur ein blindes Streben

nach Vernichtung, auf daß der unstet quälerische Geist des Rationalisten endlich zur ewigen Ruhe komme, zur »Meeresstille des Gemüts«, wie es bei Schopenhauer ausgedrückt wird? Ist Omar Chajjam also ein Mystiker im vollen Wortsinn oder leidet er schon an der Krankheit des modernen europäischen Menschen, für die »Faust« spricht, wenn er sagt:

»Und sehe, daß wir nichts wissen können,
Das will mir schier das Herz verbrennen. . .«

Der Streit darüber, ob Omar Chajjam als Denker ein moderner Nihilist war oder am Ende doch mehr ein orientalischer Weiser, der seinen Frieden trotz aller Zerrissenheit und Zweifelsucht in Gott fand, wird fortdauern. Er selbst hat geschrieben, weder der Dogmatismus der Theologen noch der Skeptizismus der Philosophen oder die schiitische Esoterik, sondern allein der sufische Weg der Mystik führe zur Erkenntnis und zum Heil. Sein unerbittliches Fragen jedenfalls hat eine philosophische Strenge, die durch vorschnelle harmonisierende Antworten nicht so rasch gemildert werden kann, weder auf dem Felde der Philosophie noch auf dem der Religion. Bemerkenswert ist es jedenfalls, wie der Zeltmacher immer wieder die Hinfälligkeit und Kontingenz alles Seienden empfunden und in unsterbliche Verse gebracht hat:

Der Himmelsdom, das tiefste Rätsel der Natur,
Dünkt uns wie eine magische Laterne nur:
Die Sonne ist die Kerze, die Ampel ist die Welt,
Und jeder Mensch wie eine Schattenspielfigur.

DIE SELBSTENTFALTUNG DER GOTTHEIT

Das Weltbild der Aleviten

Mit manchen Anschauungen und Haltungen der klassischen Sufis – vor allem ihrem häufigen Antinomismus – verwandt ist jene den meisten orthodoxen Muslimen als suspekt geltende Ausprägung des Islams, die im anatolischen Alevitentum vorliegt, einer besonderen Ausprägung islamischer Lehren, die wohl auch die meisten Berührungspunkte zu anderen Religionen bietet. Es ist ein religiös-philosophisches Phänomen, das erst im 13. respektive beginnenden 16. Jahrhundert entstand, seine Wurzeln jedoch schon tief in der Geschichte des frühen Islams und in der daran anschließenden »Ketzergeschichte« hat. Wir können dies hier nicht ausführlich darstellen, so daß einige grundlegende Hinweise genügen mögen.

Ursprung des Alevitentums, das seine partielle Entsprechung in einigen anderen heterodoxen Konfessionen des Nahen Ostens, wie dem Drusentum im Libanon und der Lehre der Nusairier (Alawiten) in Syrien, findet, ist das Alidentum, das heißt die vornehmlich schiitische Verehrung des leiblichen Vetters und Schwiegersohnes des Propheten, Ali Ibn Abi Talib, der auch vierter Kalif des Islams war, aber immerhin 24 Jahre warten mußte, bis er offiziell der Nachfolger Mohammeds werden konnte. Nach nur fünf Jahren des Regierens wurde er ermordet. Seine Anhänger, die Schiiten oder »Partei Alis« (*schi'at Ali*), wollten ihn und seine leiblichen Nachkommen jedoch von Anfang an als Herrscher sehen. So war ein politischer Antagonismus zu den Sunni-Muslimen gesetzt, der zunächst noch keine Unterschiede in der Theologie zum Inhalt hatte.

Doch auch die Schiiten zerstritten sich bald. Die Verehrer von zwölf Nachkommen oder »Imamen« Alis wurden ihrerseits zu einer schiitischen Orthodoxie (Zwölferschia, *ithna'-ascharija*), während eine Gruppe, die unter Berufung auf »ihren« Imam Ismail nur sieben dieser Aliden als spirituelle und politische Führer anerkennen wollte, die sogenannten Ismailiten, sich ganz antinomistisch entwickelte – für orthodoxe Muslime ein nicht hinzunehmendes Freidenkertum. Ihr wichtigstes Merkmal war die esoterische Auslegung des Korans, der sogenannte *ta'wil*. Doch die Siebener-Schiiten (*sab'ija*) wurden ihrerseits wieder zum Mutterboden heterodox-schiitischer Ali-Verehrer unterschiedlichster Observanz, deren Reste man noch heute im Orient zwischen dem Libanon und Pakistan antreffen kann. Das Studium dieser islamischen Splittergruppen und ihrer geistigen Welten gehört wohl zum verwirrendsten, aber auch interessantesten, was die Region zu bieten hat.

Eine dieser dem heterodoxen Alidentum noch verbliebenen Gruppen sind die anatolischen Aleviten, auf Türkisch *alevilik*, die freilich insofern eine Zwischenstellung einnehmen, als sie Zwölferschiiten sind, wie die Iraner, gleichwohl jedoch die *scharia*, das religiöse Lebensgesetz, strikt ablehnen oder doch verwässern. Unter anderem deshalb unterscheiden sie sich radikal von den Persern und lehnen auch die politische Organisation einer Islamischen Republik ab. Mit ihrer Lehre betreten wir einen geistigen Raum, der auch bei den anschließend vorzustellenden Denkern des Propheten zumindest teilweise den Hintergrund ihrer eigentümlichen Gedankenwelt ausmacht.

Gründer dieser Konfession ist der aus Chorassan in Ost-Iran stammende Scheich Hadschi Bektasch Veli, der im 13. Jahrhundert aus seiner Heimat im Sog der in großem Umfang zum Islam bekehrten turkmenisch-türkischen Stämme, die nach Westen zogen, bis nach Zentralanatolien gelangte. Seine Tekke (»Kloster«) wird noch heute östlich von Ankara in dem nach ihm benannten Ort Hacibektaş gezeigt und gilt natürlich als eine Pilgerstätte für die Aleviten-Bektaschiten. Im 16. Jahrhundert war es dann ein gewisser Balim Sultan, der das Alevitentum erneuerte und ihm wohl im wesentlichen die Gestalt gab, die es heute hat.

Es ist nicht leicht, detailliert über das philosophische Lehrgebäude der Aleviten Auskunft zu geben, wissen doch selbst viele Anhänger dieser islamischen Konfession nicht genau über Einzelheiten der Lehre Bescheid. Dies hat natürlich viel mit der oft bedrückenden Situation dieser religiösen Minderheit zu tun, da die Aleviten sogar in der republikanischen Türkei, die offiziell laizistisch ist, unter einem starken Assimilationsdruck der Sunniten stehen. Viele leben, wie die alten Stoiker, gewissermaßen im Verborgenen. Doch gibt es selbst in Großstädten wie Istanbul besondere Aleviten-Viertel. Insgesamt dürfte etwa ein Viertel der türkischen Bevölkerung dem Alevitentum zuzurechnen sein. Immer wieder kam und kommt es leider zu gewalttätigen Zusammenstößen zwischen den verfeindeten Konfessionen des Islams. So wurden, um einen der schrecklichsten Vorfälle zu nennen, 37 alevitische Intellektuelle am 2./3. Juni des Jahres 1995 in der osttürkischen Stadt Sivas Opfer eines Pogroms, als sie sich dort versammelt hatten, um des berühmten alevitischen Dichters Pir Sultan Abdal aus dem 16. Jahrhundert zu gedenken. Sunnitische Eiferer fielen brutal über sie her und zündeten das Hotel an, in dem die Aleviten untergebracht waren.

Die alevitische Imam-Lehre kann hier nicht dargestellt werden. Die Philosophie der Aleviten hingegen ist mit wenigen Strichen zu skizzieren, wobei wir nur solche alevitischen Anschauungen erwähnen, die sich mit Hilfe einer westlichen Begriffssprache ohne Schwierigkeiten für eine breitere Öffentlichkeit darstellen lassen. Natürlich ist auch das Weltbild der Aleviten von vielen mittelalterlichen, aus der Überlieferung stammenden Elementen, etwa der Buchstabenmystik der Hurufi-Sekte, nicht frei, die heute nur noch schwer zu vermitteln sind. Insgesamt hat man jedoch den

Eindruck, als könne die alevitische Glaubenslehre, die mehr eine in religiösen Wurzeln gründende Philosophie ist, sich recht gut an die veränderte Welt der Moderne anpassen, in der Türkei jedenfalls oft leichter als das traditionelle sunnitische Milieu.

Das Alevitentum lehrt eine kosmische Metaphysik. Nach ihr ist das Universum das Kleid der Gottheit. Nicht ein transzendenter Gott hat Welt und Menschen geschaffen, welch letztere er für ihr Verhalten belohnt und bestraft, sondern Gott ist in der Schöpfung enthalten und entschleiert sich in ihr, gibt sich in ihr zu erkennen. Das Universum ist eine schrittweise göttliche Entfaltung, die alle Wesen umfaßt. Deshalb sind auch alle Wesen heilig. Das Weltbild der Aleviten erinnert entfernt an die Lehren Hegels (1770–1831), der die Welt als allmähliches, dialektisch vermitteltes Werden des absoluten Geistes (im Endeffekt: Gottes) darstellte. Von Hadschi Bektasch wird denn auch überliefert, daß er Tiere besonders hegte und pflegte, eine berühmte Darstellung zeigt ihn mit einer Gazelle und einem Löwen. Die friedliche Gazelle und das Raubtier beisammen, eine fast utopische Haltung scheint daraus zu sprechen. Zwar haben die Aleviten auch religiöse Riten, doch der eigentliche Gottesdienst besteht nach ihrer Auffassung im Erkennen der Natur und in der Ethik. Aufgabe des Menschen ist es, mit Hilfe seines Verstandes Wissen und Erkenntnis zu gewinnen, dadurch ehrt er Gott und seine Schöpfung mehr als durch regelmäßiges Beten, Fasten oder den Gehorsam gegenüber den Forderungen des religiösen Gesetzes. Das Alevitentum ist dezidiert antinomistisch. Vorbild in allem sind – neben dem Propheten Mohammed und Hadschi Bektasch – die zwölf Imame, deren Lebenswandel nach Auffassung der Aleviten vorbildlich gewesen ist, natürlich besonders das Erdenwallen Alis, des ersten Imam. Sie waren nicht nur ein Vorbild an Erkenntnis und Einsicht, sondern ragten auch in den ethischen Tugenden weit über alle anderen Menschen hinaus. Sie sind so etwas wie die »vierzehn Heiligen« der Aleviten. Bisweilen wird auch Fatima, die Tochter des Propheten und Gemahlin Alis, unter diese vierzehn Heiligen gerechnet.

Auch die alevitische Ethik ist primär an die Einsicht gebunden, nicht so sehr an das religiöse Gesetz, höchstens an die Tradition, was etwas anderes ist. Aus der Erkenntnis Gottes und seiner Schöpfung heraus soll der Mensch zu einem rundum geistig wie körperlich erfüllten Leben gelangen, in dem alles mit Maß geschieht und zudem mit Rücksicht auf die Natur. Eines besonderen Gesetzes, das befolgt werden müßte, wie etwa die *scharia*, bedarf es dazu nicht. Wer die Wahrheiten des Kosmos einmal begriffen hat, handelt freiwillig im Sinne ethischer Werte. Auch kann niemand ungestraft über die Stränge schlagen, was zu einem gewissen Maßhalten in allen Belangen verpflichtet. Im Unterschied zu vielen Sunniten lehnen die Aleviten etwa den Alkohol-Genuß nicht ab, Musik und Tanz spielen in ihren rituellen Veranstaltungen, den *ayn-i cem* genannten Versammlungen, eine wichtige Rolle. Die übrigen Lebewesen werden von den alevitischen Predigern als geheiligte Glieder im Sein und Werden der göttlichen Schöpfung anerkannt. Im Menschen zeigt sich Gott wie in allem. Wer mit scharfem Verstand Gott und die Welt immer besser erkennt, wer sich gütig gegenüber seinen Mitmenschen und den übrigen Wesen benimmt, wer sich solidarisch verhält und jeden Menschen als gleichberechtigtes Wesen behandelt, verwirklicht das Ideal des »vollkommenen Menschen« (*al-insan al-kamil*), wie es von vielen mystischen Denkern des Islams propagiert worden ist. Wir werden darauf in einem anderen Zusammenhang bald zurückkommen.

In der Seelenlehre scheinen die Aleviten so etwas zu vertreten wie den Glauben an die Metempsychose, Seelenwanderung (*tanasuch*), eine Doktrin, die dem übrigen Islam gänzlich fremd ist, mit der aber der eine oder andere Mystiker bekannt wurde. Der Orthodoxie gilt sie als besondere Ketzerei. Wie bei allen extrem heterodoxen »Konfessionen«, aber auch bei den orthodoxen Schiiten der Zwölfer-Konfession herrschte auch bei den Aleviten eine gewisse Geheimnis-krämerei um die eigenen Lehren (*arcanum*), die natürlich in erster Linie dem Selbstschutz dienten. Die Arcan-Disziplin hat freilich auch dazu geführt, daß unter den Sunniten allerhand krause Gerüchte über die alevitischen Ketzer aufkamen und immer wieder weitergetragen wurden. Bis heute leidet diese Konfession unter diesen Gerüchten und oft genug auch unter den Verleumdungen. Die alevitische Konfession kann durchaus als ein philosophisches System auf religiös-mystischer Grundlage interpretiert werden.

Vor allem die beinahe siebenhundert Jahre alte türkische Volkspoesie, die von wandernden Derwischen dem Volk – oft auch mit Musikbegleitung auf der türkischen Laute Saz – vorgetragen wurde, ist von Beginn an stark alevitisch geprägt gewesen. Ihr größter, bis heute in der Türkei auch bei den Sunniten höchst angesehener Vertreter ist Yunus Emre aus dem 14. Jahrhundert mit seinen in anatolischer Volkssprache gehaltenen Reimgedichten. Der bekannte Turkologe Mehmet Fuad Köprülü (1890–1966) hat den Ursprung des philosophischen Weltbildes von Yunus Emre aus den heterodox-sufischen Traditionen Mittelasiens und Ostanatoliens in seinem Werk »Die ersten Sufis in der türkischen Literatur« (Türk edebiyatinda ilk mutasavviflar, zuletzt Ankara 1991) herausgearbeitet und als »idealistischen Pantheismus« charakterisiert. Auch in den Gedichten des Yunus manifestiert sich die göttliche Liebe im Menschen, aber auch in der Natur, konkret in und auf der Erde, mit der und von der er lebt. Es ist sozusagen eine sehr handfeste Mystik, die in moderner Zeit manche türkische Intellektuelle sogar zu Versuchen einer »linken«, mit dem anatolischen Bauernvolk verbundenen Interpretation der Dichtungen Yunus Emres herausgefordert hat. Das ganze Alevitentum hat unter sunnitischer Herrschaft einen starken Hang zu laizistischem und auch sozialistischem Denken entwickelt. Und auch in frühosmanischer Zeit, als sich aus bescheidenen Anfängen des islamischen Grenzkämpfertums (dem Ghazitum) heraus der sunnitische Kalifenstaat zu etablieren begann, war es die heterodoxe Philosophie der Aleviten, die gelegentlich sozial motivierte Aufstände inspirierte.

In den Versen des Yunus jedenfalls wurde die alevitische Philosophie weit verbreitet. Beinahe franziskanischen Geist atmen Gedichte wie das folgende, das mit den Versen beginnt (Übertragung: Schimmel):

Aller Frühling tut sich auf,
Blumen beten Rosenkranz,
Wählen sich einander aus –
Blumen beten Rosenkranz

Tulpen denken Gottes stets,
Wenn sie auf dem Pfade gehn,
Wenn sie Gottes Schönheit sehn,
Blumen beten Rosenkranz.

Selbst die Lilie hoch im Rat
Beugt den Hals auf diesem Pfad,
Wie es jedem Diener ziemt
Blumen beten Rosenkranz.

MYSTISCHER RATIONALISMUS

>*»Wär nicht das Auge sonnenhaft,*
>*Wie könnten wir die Sonn' erblicken?«*
>(Johann Wolfgang von Goethe)

Die Schule der inneren Erleuchtung des Verstandes

Die Traditionen Ibn Sinas fließen in die tiefgründige Philosophie des *ischraq* ein, einen wichtigen Zweig iranisch-isla-
mischen Denkens, der in der Folgezeit zu einer Gnosis (*'irfan*)
ausgebaut wird. In dieser Gnosis verschmelzen Rationalismus und mystische Elemente der Intuition, wie sie auch
schon bei Ibn Sina angeklungen sind. Intuition ist, zusammen mit der »schöpferischen Imagination«, wie ein Ibn al-
Arabi sie wenig später untersuchen und ausgestalten wird,
eine Art innerer Wesenschau auf der Grundlage mystischer
Theorien, die nach der Meinung ihrer Protagonisten mehr ist
als bloßer Rationalismus, der allein in der äußerlich-kausalen
Verknüpfung der Gedanken und Ursachen besteht. Als Begründer und Meister der *ischraq*-Schule gilt ebenfalls ein
persischer Denker: Schihab al-Din Yahya al-Suhrawardi, genannt »Scheich al-ischraq«, »Meister der Erleuchtung«.

Scheich Suhrawardi, ein Märtyrer der Philosophie

Scheich Suhrawardi, aus Persien stammend wie so viele
Denker des Propheten, trägt in der Tradition den Beinamen
al-maqtul, der Getötete. Der berühmte Sultan Saladin, der
gegenüber den Christen so tolerant war, aber unduldsam gegenüber »Abweichlern« vom Islam, ließ ihn im Jahre 1191 in

der syrischen Stadt Aleppo hinrichten. Nach anderen Quellen starb er während der Kerkerhaft. Suhrawardi ist somit der einzige Philosoph im Islam, der das Schicksal eines Sokrates oder Giordano Bruno (1548–1600) erlitt, Märtyrer der Philosophie zu sein. Dabei hatte sich der Denker gerade von seinem Aufenthalt in Aleppo viel versprochen. In Syrien herrschte damals Saladins Sohn, al-Malik al-Zahir, der Dichter und Denker um sich scharte. Doch Saladins Vorgehen insbesondere gegen heterodox-schiitische Häretiker blieb nicht ohne Wirkung. Er wurde schließlich auch einem Mann wie dem Scheich al-ischraq zum Verhängnis, dessen Ideen sich jeder »ideologischen« Einordnung widersetzen.

Geboren 1153 in dem Flecken Suhraward in West-Iran, wurde Suhrawardi offenbar ganz in den Traditionen der iranischen Esoterik erzogen. Gewiß wurde er schon als Kind in seiner persischen Heimat mit den Lehren seiner Vorfahren bekannt. Suhrawardi ist eine Art »Lichtgeist«, ein Ariel des Denkens, dessen Synthese aus persischem Dualismus, Mystik und einem durch Ibn Sina vermittelten Rationalismus auf platonischer Grundlage tiefe Spuren in der persisch-schiitischen Kultur hinterließ. Noch heute erscheint in Iran kein Werk über die Traditionen der Gnosis, in dem nicht Suhrawardi breiter Raum gewidmet würde.

Suhrawardi lehrt in seinen Schriften, die stark metaphorische, dichterische Züge tragen und sich verschiedener Formen von Gleichnissen bedienen, eine umfassende Lichtmetaphysik. »Der bemerkenswerteste Aspekt im Charakter des persischen Volkes ist seine Liebe zu metaphysischer Spekulation«, schreibt Muhammad Iqbal (1871–1937), nachmals berühmter Dichter und geistiger Vater des Staates Pakistan, in seiner Münchner Dissertation »Die Entwicklung der Metaphysik in Persien«. Das paßt auf unseren Denker wie zugeschnitten. Suhrawardis gnostische Spekulation mündet in einer lichthaften Vision der Welt, des Menschen und Gottes. Das Sein ist Licht und hat alles Licht von Gott, der selbst Licht ist. Iranische Lichtlehren, entnommen der Vorstellung von der zarathustrischen Lichtsphäre

»Chwarnach«, ergänzen hier die Vorstellungen des Korans, in denen Gott ebenfalls und immer wieder als das »Licht des Himmels und der Erde« (*nur alsamawat wal-ard*) bezeichnet wird, als »Licht über Licht« (*nur 'ala nur*).

Die Lichtmetapher ist in beinahe allen Religionen ein wichtiges Element der sinnlichen Vergegenwärtigung Gottes. Bei Suhrawardi, wie auch bei anderen persischen Denkern vor und nach ihm, führt jedoch die Tradition der altiranischen Lichtmetaphysik, die letztlich auf den Religionsstifter Zarathustra im 6. vorchristlichen Jahrhundert zurückgeht, zu einer durchgängigen »Monopolisierung des Lichts«, zu einem regelrechten Lichtkult. Zarathustra hatte zwei sich widerstreitende Prinzipien gelehrt: Ahura Mazda, den höchsten Gott als Quelle alles Guten, Herrscher im Reiche des Lichtes, umgeben von den *amaesha spaentas* oder heiligen Engelwesen, die ihrerseits angeführt wurden von dem »Erzengel« Vohu Manah. Dem guten Gott stand jedoch sein Widersacher Ahriman oder Angra Mainju als Verkörperung des Bösen und Sündigen, als Fürst der dunklen Mächte gegenüber.

Zarathustra war Schöpfer eines Monotheismus, den er gleichwohl dualistisch faßte. Die Idee des Dualismus war fortan aus der Religionsgeschichte des Orients nicht mehr wegzudenken. Vor allem galt das jedoch für Persien. Extrem zugespitzt wurde sie im Manichäismus – auch dessen Stifter, Mani, war ein Perser – sowie in der Gnosis, einer spätantiken Weltreligion streng dualistischer Observanz, die noch das frühe Christentum beeinflußte. In islamischer Zeit wog dann lange der Vorwurf des Dualismus besonders schwer, bisweilen konnte er sogar tödlich sein. Es nimmt also nicht wunder, daß man auch gegen al-Suhrawardi die Anklage der dualistischen Ketzerei erhob, obwohl er sich durchaus als Denker der göttlichen Einheit verstand, wenn auch in schiitisch-esoterischem Gewande.

Dieser Philosoph des Lichtes muß natürlich auch den Verstand ganz in das Lichthafte wenden. So wie die Welt aus lauter Abschattungen und Metamorphosen des göttlichen Lichtes besteht, bis hinunter zur Materie, so muß sich der Geist wieder zu seiner Lichtnatur emporarbeiten, sie in der Erkenntnis freilegen. Dieser Illuminismus gipfelt eben im *ischraq*, in der inneren Erleuchtung, einem Begriff, der Erkennen und mystische Schau miteinander verknüpft, spielt doch auch in den Theorien mancher Mystiker seit den Tagen des berühmten Sufis Sahl al-Tustari, der im 9. Jahrhundert lebte, das Licht eine besonders wichtige Rolle. Spätere Sufis sprechen von Lichterscheinungen, die ihren inneren Pfad (*tariqa*) zur Gotteserkenntnis begleiten. Suhrawardi selbst entwickelt nach den Forschungen Henry Corbins eine »Phänomenologie des spirituellen Lichtes«, die aufs engste mit den zarathustrischen Engel-Lehren verbunden ist. Seine Schüler sprechen von verschiedenfarbigen Lichtern, welche die anschauende Seele betrachten muß, bis sie schließlich zur »smaragdenen Vision des heiligsten Lichtes« (Corbin) vordringt. Das höchste Licht ist schwarz, es läßt sehen, ohne selbst gesehen zu werden. Bis heute verehren besonders die Schiiten jenen lichthaften Aspekt, den ihr Glaube mit Gott in Verbindung bringt. Das Innere ihrer Moscheen ist mit glitzerndem Spiegelwerk ausgekleidet, geronnenes Licht, in dem das durch die Lampen erzeugte künstliche Licht widerstrahlt und die Beter gewissermaßen in eine Aura des Lichtes taucht.

In den Werken Suhrawardis ist der Einfluß des Aristoteles ganz zugunsten Platons zurückgedrängt. Die Schule des Illuminismus umfaßt ohnehin weitgehend Platoniker, dies ist auch in der christlichen Philosophie des Mittelalters, der Scholastik, so gewesen. Während ein syllogistisch schließender Philosoph wie Thomas von Aquin (1225–1274) Aristoteles als Vorbild hatte, war der illuministische Denker Bonaventura (1221–1274) ein reiner Platoniker.

Die Abstufungen des Lichtes, aus denen alle seienden Dinge bestehen, folgen nach Suhrawardi dem Vorbild der platonischen Ideen. Was bei al-Farabi und Ibn Sina die Intelligenzen sind, deutet Suhrawardi platonisch als Muster und Archetypen. Gleichzeitig identifiziert er sie mit den verschiedenen Engelwesen der zarathustrischen Tradition. Nach Corbin, dem größten Kenner iranischer Esoterik im 20. Jahrhundert, entspricht Suhrawardis »Engel der Menschenart« der zehnten Intelligenz der Kosmologie Avicennas und ist gleichbedeutend mit »dem *intellectus agens* (*al-'aql alfa'al*) der peripatetischen Philosophen. So schafft der Philosoph der Erleuchtung eine beeindruckende Synthese aus altiranischen, griechischen und islamischen Lehren, für deren Akzeptanz die Orthodoxie offenbar in seinem Fall überfordert war.

Viele iranische Kosmos-Vorstellungen treffen wir bei Suhrawardi an. So etwa die Zwischenwelt »Hurqalija«, die das ewige lichthafte Sein mit der irdischen Welt verbindet. Hurqalija ist die »lichthafte, spirituelle Erde«, eine Sphäre und Dimension zwischen sichtbarer und unsichtbarer, intelligibler Welt. Neben den sieben irdischen Klimata oder Weltgegenden, die ganz handfest geographisch zu verstehen sind, gibt es die Klimata oder »Länder« der Seele (auf Persisch: *keschwar*), deren Topographie einer rein geistigen, gleichwohl mit dem Irdischen verschlungenen Welt gehört. Angezogen vom spirituellen Pol der Erkenntnis, dem »Norden« des Geisterlandes, begeben sich die Adepten der Weisheit auf die kontemplative Suche nach der Wahrheit. Im Prozeß lichthafter Erkenntnis legt die Seele einen zweifachen Weg zurück: zunächst aus einem symbolischen »Westen« in einen symbolischen »Osten«, des weiteren aus der Tiefe in die Gipfel-Höhe der lichthaften Gottesschau, die nach Meinung Corbins mit dem Berg Qaf der islamischen Überlieferung identifiziert wird. Die höchste Erkenntnis ist die Erfahrung höchsten göttlichen Lichtes und höchster Schönheit. Corbin zieht die Parallele zu denjenigen inneren Prozessen, die Meister Eckhart beschreibt, wenn er sagt, daß die Wahrheit im göttlichen »Seelenfünklein« aufblitzt. Die Schüler Suhrawardis, wie Ruzbihan Baqli Schirazi (gest. 1209), Nadschm al-Din Kubra (gest. 1220) oder Ala al-Daula Simnani (gest. 1336) bauen seine Lehren zu einem hierarchisierten Gebäude sufischer Erkenntnis aus, die selbstverständlich in ihrem Platonismus auch die Ästhetik berührt. Die Schönheit Gottes zeigt sich in allem »Geschaffenen«, da dieses eben eine Theophanie ist, auch im schönen Menschen.

Die Esoterik al-Suhrawardis erinnert in ihrem Lobpreis des Lichts und in ihrer geradezu »astralen Deutung« der Welt als einer Verkörperung, Nachahmung und Spiegelung höherer Licht-Welten entfernt an jene Stimmung, die man in den Schriften so mancher Anthroposophen im Westen feststellen kann. In Suhrawardis »Theosophie des Orients« ist freilich auch die schiitische Imam-Lehre verarbeitet, die in den zwölf Imamen der Schiiten, das heißt den leiblichen Nachkommen des Propheten, im Propheten selber und in seiner Tochter Fatima geradezu kosmische Größen erblickt.

Seit Suhrawardi sind die Denker der Erleuchtung (*ali-al-schraqiun*) eine feste Größe in der Philosophie des östlichen Islams. Corbin, der diese Tradition erforscht hat wie kein zweiter Europäer, sieht in dem aserbaidschanischen Philosophen Wadud Ibn Muhammad Tabrizi, der im 16. Jahrhundert in Täbris lebte, einen entschiedenen Anhänger Suhrawardis, der in drei Traktaten die *ischraqi*-Lehren weiter erläuterte und bewahrte. Nachwirkungen dieser Lichtmetaphysik und Theosophie der Erleuchtung finden sich jedoch bis in unsere Tage (siehe unten) vorwiegend im iranischen Denken.

Suhrawardis Gedanken wurden dabei ergänzt und überhöht durch die Theorien eines mystischen Philosophen, die sich in weiten Teilen der islamischen Welt durchsetzen konnten, obschon sie alles andere als orthodox gewesen sind und bis heute in der islamischen Welt ein unterschiedliches Echo finden. Er kann wegen seiner abgerundeten Theorie von der Einheit des Seins mit Einschränkungen als der »Spinoza des Islams« angesehen werden. Auf jeden Fall ist er der konsequenteste Visionär einer durchgängigen Einheit der Welt unter islamisch-religiösen Gesichtspunkten. Und er hat Generationen von Mystikern und spekulativ gesinnten Geistern tief beeinflußt, eine Ausstrahlung, die bis heute nachgezeichnet werden kann. Obschon Theoretiker des Sufismus, ist ihm doch auch die Religion des Herzens nicht fremd.

Einheit von Gott und Welt: Die Theosophie des Ibn al-Arabi

> *»Gott ist vor allem, und es besteht*
> *alles in ihm, die Welt ein Ausdruck,*
> *eine Darstellung der Wirklichkeit. . .«*
> (Johann Gottfried Herder)

Das mystisch inspirierte, theosophische System des Muhyi al-Din Ibn al-Arabi (1165–1240), geboren im andalusischen Murcia und nach langen Wanderungen über Mekka, Bagdad und Kleinasien in Damaskus gestorben, ist oft als spiritualistischer oder idealistischer »Monismus«, als »Pantheismus« oder gar »existenzialistischer Monismus« bezeichnet worden. Diese Begriffe der Moderne wirken freilich etwas gekünstelt und gewollt, da sie das lebendige geistige Leben eines Denkers – und hier noch dazu eines Mystikers! – in das Prokrustes-Bett jenes rechenhaften, oft stark buchhalterischen Denkens in Schubladen hineinzwängen, das für die westliche Philosophie so charakteristisch ist. Da diese Begrifflichkeit heutzutage in der Philosophie-Geschichtsschreibung und in den systematischen Darstellungen der philosophischen Lehren faktisch globalisiert worden ist, mag sie jedoch auch hier mit inneren Vorbehalten Verwendung finden.

Für Ibn al-Arabi stellen sich die Welt und Gott als eng miteinander verbundene Einheit des Seins (*wahdat al-wudschud*) dar. Es ist nicht ein transzendenter Gott, der das von ihm gänzlich geschiedene Universum geschaffen hat (dies ist die Auffassung der Orthodoxie, die auf der unüberbrückbaren Transzendenz und Unvergleichlichkeit Gottes von der Welt beharrt), sondern das Universum ist Gottes ewige Selbstmanifestatition und Entäußerung mittels der Materie (*tadschalli*). Zwischen der Welt und Gott gibt es keine zeitliche Differenz, sondern allenfalls eine logische, das heißt: Gott ist logisch früher als die Welt. Er ist das absolute Sein (*wudschud al-mutlaq*) und absolut eins, in ihm ist der Unterschied zwischen Sein und Wesen (*ens et essentia*) ganz aufgehoben. Das geschaffene Universum als Kundgebung und Erscheinung Gottes besitzt hingegen nur relatives, kontingentes Sein. Wir sehen hier, daß die Theophanie, das Erscheinen Gottes durch sich selbst in seiner Welt, als Spiegelung aufgefaßt wird. Die Welt ist göttlich, da Gottes reine Spiegelung, aber als Spiegelung natürlich flüchtig, denn die Spiegelung muß einen ganz anderen ontologischen Charakter haben als das Abgespiegelte. Der Gedanke der Abspiegelung und der logisch früheren Existenz Gottes soll natürlich Einwände der Orthodoxie vom Tisch wischen, Ibn al-Arabi setze das Universum und Gott gleich. Sie wurden gleichwohl gegen diesen Denker des Propheten immer wieder einmal erhoben.

Alles Gespiegelte (Geschaffene) existierte ursprünglich im göttlichen Verstand, und zwar als eine Kette von Urbildern, Mustern oder Archetypen (*a'yan thabita*). Mit dieser Sicht erweist sich Ibn al-Arabi schon als Platoniker. Das belebende, schöpferische und vernünftige Prinzip des Universums ist der uns nun schon zur Genüge bekannte Erste Intellekt (*al-'aql al-awwal*). Er ist identisch mit dem Logos (*kalima*), mit der Idee Muhammads des Propheten und mit der Wirklichkeit der Wirklichkeiten.

Die seienden Dinge in ihrer Einheit existieren durch den Willen Gottes. Gott wünschte seine Selbstmanifestation in die Welt der sichtbaren Dinge hinein. So rief er die »Schöpfung« durch seinen göttlichen Befehl (*amr*) ins Dasein, der sich zu Ihm verhält »wie der Spiegel zum Bild der Schatten zur Gestalt und die Zahl zur Einheit« (Majid Fakhri, »History«.) Letztere Definition ist ein typisch pythagoräischer Gedanke. Der eigentliche Antrieb, aus dem heraus Gott allerdings die Welt geschaffen hat, war Liebe (*'ischq*); denn die göttliche Liebe, die darin besteht, daß das Eine, eben Gott, in seiner Vereinzelung »sich selbst für und in sich selbst liebte sowie erkannt und manifestiert werden wollte« (Fakhry), ist die wirkende Kraft in allen Erscheinungsweisen des Einen, seien es die höchsten oder niedrigsten«. Die göttliche Liebe erreicht ihre höchste Form der Verwirklichung im allheitlichen und vollkommenen Menschen (das heißt letzten Endes im Sufi selbst), der sowohl die natürliche, als auch die geistige und göttliche Liebe erfährt. Der vollkommene Mensch war der Grund für die »Erschaffung« des Universums, und zwar als »Epiphanie des göttlichen Wunsches, erkannt zu werden; denn nur der vollkommene Mensch erkennt Gott, liebt Gott und wird von Gott geliebt. Allein für den Menschen wurde die Welt gemacht«, wie Professor A. J. Arberry zu diesem Teil von Ibn al-Arabis Anschauungen schreibt.

So wie Gott und »Einzelding« nicht in einem landläufigen Sinne getrennt sind, sondern die Einzeldinge nur Erscheinungsweisen, Aspekte und Modi des Einen, das allein und wahrhaft existiert (hier sind wir wieder in der Nähe Spinozas!), so sind auch die Dimensionen der Gott-heit (*lahut*) und Mensch-heit (*nasut*) nichts wesenhaft Verschiedenes. Die Dimension der *lahut* entspricht der verborgenen, esoterischen Seite jeder Erscheinung, die Dimension der *nasut* der äußeren und exoterischen.

Es liegt auf der Hand, daß Ibn al-Arabis metaphysische Einheitsvision der Welt mit derjenigen Baruch Spinozas (1632–1677) in der westlichen Philosophie verglichen werden kann. Eine Beeinflussung des in den Niederlande lebenden Denkers jüdischer Herkunft durch den Muslim ist denn auch nicht gänzlich ausgeschlossen. Als Abkömmling zwangsgetaufter iberischer Juden, der sogenannten Marannen, wurde Spinoza schon in seiner Jugend, wie einer seiner

Biographen, Stanislaus von Dunin-Borkowski (Spinoza, 1933–36), beschreibt, mit der Philosophie der jüdischen Denker Spaniens vertraut. Vor allem natürlich mit dem Maimonides (1138–1204). Sie waren dem arabo-muslimischen Kulturkreis in Andalusien so sehr verbunden, daß sie ihre Werke oft in Arabisch verfaßten. Und ein jüdischer Philosoph Andalusiens, Ibn Gabirol (1020–1050), latinisiert Avencebrol, galt seit dem Mittelalter bis in das 19. Jahrhundert hinein sogar als Muslim. Diese Tradition erwarb Spinoza im Laufe seiner eigenen Studien, wobei zu beachten ist, daß Elemente jener Lehre von der Einheit des Seins schon bei Denkern vor Ibn al-Arabi anklingen. Er hat diese Lehre freilich konsequent und systematisch ausgestaltet. Und wie Spinoza wurde auch Ibn al-Arabi mit dem Vorwurf des Pantheismus konfrontiert. Er setze geschaffene Natur und Gott gleich, oder er behaupte, Gott wohne den geschaffenen Dingen ein. Das ist die ketzerische Doktrin des *hulul*.

In der Erkenntnistheorie ist Ibn al-Arabi, wie eigentlich alle Mystiker, Intuitionist. Das diskursive Denken des Verstandes, das den von Aristoteles erforschten Gesetzen der Logik (Syllogistik) folgt, ist nicht in der Lage, das wahre Sein in seiner Tiefe zu erfassen. Es klebt an der Oberfläche und Außenseite der Dinge und kann den den Sinnen verborgenen Sinn der Welt und die höchsten Geheimnisse Gottes nicht entschleiern. Die beste Erkenntnisart ist die intuitive, da sie zur Gnosis führt, während die diskursive bei der bloßen Kenntnis (*'ilm*) stehenbleibt. Das wichtigste Wissen ist das intuitive, da in ihm die Wahrheit selbst erfahren wird, die Realität der Dinge, wie sie sind. Die Sufis nennen diese Art von Erkenntnis oft »Schmecken« oder »Geschmack« (*dhauq*) der Wahrheit. Ibn al-Arabis intuitive Erkenntnis ist »transrational« in jenem Sinn, wie auch Spinoza als höchste Erkenntnisart ein direktes, unmittelbares und evidentes »Schauen« der Wahrheit für möglich hält – als Krönung des Wissens, das man zunächst durch bloßes Hören und die Gewohnheit, dann durch die Erfahrung und am Ende durch das Schließen erlangt.

Wenn wir die intuitive Erkenntnisart charakterisieren wollen, müssen wir folgende Merkmale herausheben: Die intuitive Erkenntnis ist angeboren, die des Intellekts hingegen erworben. Sie zeigt sich im Menschen, wird offenbar, nur unter ganz bestimmten Voraussetzungen, zum Beispiel bei vollständiger Passivität des Denkens. Diese Passivität ist jedoch nichts Inaktives. Sie ist jener Zustand, der bewirkt, daß die gleichsam schlummernd im tiefsten Winkel des Herzens verborgene Fähigkeit zur intuitiven Erkenntnis, zur schöpferischen Imagination aktual wird. Dem bloßen Denken ist sie, wie Ibn al-Arabi glaubt, weit überlegen. Sie kann auch durch den landläufigen Rationalismus nicht beurteilt und überprüft werden, sondern offenbart sich auf lichthafte Weise im Herzen des Sufis, wenn dieser eine gewisse Höhe oder Stufe der Reinigung des Geistes erreicht hat. Allerdings ereignet sich dieser spirituelle Durchbruch nur bei ganz bestimmten Menschen, ein Heiliger (*wali*) ist somit schon mit der Anlage zum Heilig-Sein geboren, er kann die Eigenschaften der Heiligkeit nicht erlernen oder sonst irgendwie erwerben. Christlich gesprochen: Viele sind berufen, wenige aber auserwählt.

Die Intuition führt den sufischen Gnostiker zu einem Wissen, das im höchsten Grade gewiß ist, im Gegensatz zur spekulativen Erkenntnis, die bloß Wahrscheinlichkeit erreicht. Letztere hat als Objekt der Erkenntnis die Schatten der Dinge – was ein echt platonischer Gedanke ist – erstere die Realität in ihrem eigentlichen Sein. Sie ist weitgehend identisch mit dem Wissen Gottes. Freilich ist das Wissen Gottes absolut, während der Mystiker es nur begrenzt innehat. Die Quelle allen Wissens ist – und hier ergibt sich eine Parallele zu al-Suhrawardi, von der niemand weiß, ob sie zufällig besteht oder durch Beeinflussung – reines Licht, reines Sein, das in sich selbst sichtbar ist und auch alle anderen Dinge sichtbar macht. Daran hat der in der Methode der schöpferischen Imagination Geschulte Anteil. »Wär nicht das Auge sonnenhaft, wie könnte es die Sonn' erblicken?« Dieser Vers Goethes fällt einem ein, wenn man versucht, sich die Erkenntnistheorie Ibn al-Arabis zu vergegenwärtigen. Sie geht eben davon aus, daß der Mensch in Erkenntnis und Liebe zum göttlichen Licht vordringen kann, weil er als geschöpflicher Spiegel der Gottheit, die Licht und Liebe ist, daran teilhat.

Das Leben des Mystikers ist im Grunde eine einzige große Reise, die drei Etappen umfaßt: Die Reise »von Gott«, der Weg des Menschen von seiner gewissermaßen platonisch-präexistenten Seinsform hinein in die Existenz; dann die Reise »zu Gott« in der Form eines vom Meister gewiesenen mystischen Pfades bis hin zum sufischen Standort (*mauqif*) der »Sammlung nach der Zerstreuung«; schließlich die Reise »in Gott«. Sie ist identisch mit der vom Sufi angestrebten Dauer in Gott, dem schon erwähnten »Schmecken« Gottes, das ohne Ende ist. In seiner Erfahrung besteht die vom Gläubigen erstrebte und erhoffte Glückseligkeit.

Die Lehre vom »vollkommenen Menschen«

Welt und Mensch verhalten sich nach der Meinung des Ibn al-Arabi und anderer *docteurs soufis* wie zwei einander gegenüberliegende Spiegel, die sich gegenseitig reflektieren. Diese Metapher beschreibt das offenbar tiefe Wissen mancher Sufis um die geheimnisvollen Beziehungen zwischen dem Universum als Makrokosmos einerseits und dem Menschen als Mikrokosmos andererseits. Die Sufis drücken diese Beziehung in der Formel aus: Das Universum ist ein großer Mensch, der Mensch ein kleines Universum. Die geistesgeschichtliche Wurzel dieser Anschauung liegt im Griechentum, insbesondere im Denken hellenistischer Philosophen. Der Gedanke erscheint bei den Stoikern, bei Philo von Alexandrien mit seinem Begriff vom *genikos anthropos*, doch auch bei Boethius, dem hellenistisch beeinflußten christlichen Denker. Im islamischen Kulturkosmos sind es vor allem die »Lauteren Brüder von Basra« (siehe oben), die den Mikrokosmos-Makrokosmos-Gedanken für sich aufgegriffen haben. So heißt es zum Beispiel in den Traktaten der »Lauteren Brüder«: »In der Zusammensetzung des Menschen sind alle geistigen Inhalte der einfachen und zusammengesetzten Dinge enthalten. . . Denn der Mensch ist aus einem groben, leiblichen Körper und einer einfachen, geistigen Seele zusammengesetzt. Deshalb nennen die Philosophen den Menschen einen Mikrokosmos und die Welt einen Makroanthropos. . .«

Die Theorie nun vom vollkommenen oder allheitlichen Menschen (*insan al-kamil*), die sich auf diese Vorstellung von Mensch und Kosmos stützt, umfaßt im wesentlichen zwei Aspekte. Der erste bezieht sich auf den allheitlichen Menschen, »der als zeitlose Wirklichkeit, als wesentliche Einheit der Geschöpfe stets da ist und sich bloß von Zeit zu Zeit in auserwählten Menschen wie den Propheten und den großen Heiligen unmittelbar verkörpert«, wie Titus Burckhardt (1908–1984), einer der besten Kenner esoterischer Lehren im Islam schreibt. Diesen Gedanken hat Ibn al-Arabi in seinem Werk »Die Ringsteine der Weisheit« (*Fusus al-hikam*) abgehandelt, einer spirituellen Geschichte der Propheten von Adam über Seth, Noah, Idris bis hin zum sogenannten Siegel der Propheten: Muhammad, dem Stifter des Islams. Die »Ringsteine« gehören zu jenen Büchern, die philosophische Gedanken in heute archaisch anmutender, prophetologischer Sprache enthalten und daher besonders schwer zu enträtseln sind.

Der zweite Aspekt bezieht sich auf den Sufi selbst, der mit Hilfe der oben beschriebenen Intuition und schöpferischen Imagination das höchste Ziel des Mystikers erreicht. Er ist dann der Theosoph, der »Gottes-Weise«, der seine wesentliche Einheit mit Gott realisiert hat. Dieser Theosoph, in dem Gott sich manifestiert, ist kein gewöhnliches menschliches

Wesen mehr. Er besitzt als eine Art »Weltenpol« (*qutb*) gleichsam eine metaphysische Realität und Wirkkraft. In seinem Wesen haben sich göttliche und menschliche Natur vereinigt und durchdrungen. Auf diese Weise stellt er ein Zwischenglied oder eine »Bindewelt« (*barzach*) zwischen Gott und allem, was geschaffen ist, dar. Der vollkommene Mensch entfaltet sozusagen alle göttlichen Attribute, wie Einheit, Ewigkeit, Schöpferkraft, Schönheit, Majestät und Vollkommenheit. Die Gruppe der vollkommenen Menschen umfaßt nicht allein die Kette der Propheten von Adam bis Muhammad, sondern auch die »Gottesfreunde« (*auliya, dustan-i haqq*), deren erster Abraham, der muslimische Ibrahim, gewesen ist. Wem diese sprachliche Nomenklatur zu pathetisch und übertrieben erscheint, mag die Gottesfreunde und Theosophen vielleicht in westlicher Terminologie als religiöse Genies bezeichnen. So werden sie in einem westlich-modernen Kontext möglicherweise akzeptabler. Man kann freilich auch verstehen, daß orthodoxe Kreise hier bisweilen eine Art religiöser Selbstüberschätzung am Werke sahen. Sie sprachen von einer annähernden Vergöttlichung des Menschen, von einer Übersteigerung und Exaltation, die mit dem ursprünglichen Glauben und mit der reinen und klaren Lehre des Propheten nichts mehr gemeinsam habe. Ibn al-Arabi und die meisten seiner Anhänger lassen jedoch keinerlei Zweifel an der gültigen Wahrheit, die da heißt: »Der Knecht Gottes bleibt immer ein Gottesknecht (*al-ʿabd yabqaʿ al-ʿabd*).« Insofern beruht die Kritik vielleicht dann doch auf einem Mißverständnis. Auch der Mystiker erkennt üblicherweise an, daß zwischen dem Menschen und Gott ein tiefer Abgrund besteht.

Was ist nun von all jenen Kategorisierungen und Standardisierungen zu halten, die man dem »System« des Ibn al-Arabi übergestülpt hat: Monismus, Pantheismus, idealistischer Monismus und so weiter? In der Sprache des Westens wäre wohl der Begriff des »Panentheismus« am treffendsten, denn Ibn al-Arabi lehrt ja nicht die vollständige, unterscheidungslose Identität von Gott und Welt, weder logisch noch ontologisch. Die Welt ist vielmehr Spiegelung Gottes und irgendwie »in« Gott enthalten. Man muß sich darüber klar sein, daß solche die Sache verkürzenden Hilfsbegriffe ohnehin nur eine Angelegenheit unserer Kultur sind. Kein sufischer Philosoph würde sie je verwenden. »Es ist zur Gewohnheit geworden, allen beschaulichen Lehren des Morgenlandes und auch gewissen echten beschaulichen Lehren des Abendlandes »Pantheismus« vorzuwerfen, während derselbe als ausgesprochene Lehre – und nicht bloß als beiläufiger, dumpfer Irrtum – überhaupt nur bei einigen europäischen Philosophen vorkommt...« schreibt Titus Burckhardt dazu treffend. Dem ist wenig hinzuzufügen.

Unter den zahlreichen Werken des Ibn al-Arabi ragen neben den schon erwähnten »Ringsteinen« die umfangreichen »Mekkanischen Eroberungen« (al-Futuhat al-Makkija) hervor. Es ist jedoch bezeichnend, daß Ibn al-Arabi außer der Form des Traktates auch noch die Dichtung gepflegt hat. Unter den Sufis steht er damit, wie wir sahen, keineswegs allein, sondern verkörpert geradezu den Prototyp. Es ist wieder Burckhardt, der darauf hinweist, daß der Sufismus nicht als gewöhnliche Philosophie betrachtet werden kann, sondern als ein Denken, in dem sich Erkenntnis und Liebe »die Waage halten«. In dem 1201 entstandenen Dichtwerk »Tardschuman al-aschwaq«, dem »Dolmetsch der mystisch Liebenden«, hat Ibn al-Arabi diese poetische Passion der sufischen Denker befriedigt.

Liebe und Erkenntnis in engster Verschränkung und Verflechtung sind die Pole, um die das Weltbild dieses andalusischen Dichter-Philosophen oder Philosophen-Dichters kreist. Deutlich sichtbar ist die Tendenz, das Gesetz zu relativieren, ein Anliegen jeder Mystik, gleichgültig in welcher Religion und in welcher Gegend unserer Welt. Das religiöse Gesetz ist etwas, das unseren Denker wenig bis gar nicht interessiert, da er es verinnerlichen und vergeistigen will. Doch dies gilt auch für viele jener Aussagen des Korans, die die Orthodoxie ganz wörtlich nimmt. So hat Ibn al-Arabi auch in den Fragen der Eschatologie ganz eigene Auffassungen. Mit seiner Liebesmystik – und damit steht er innerhalb des Sufismus weiß Gott nicht allein – überwindet er auch die bedrohliche Dialektik von Lohn und Strafe, wie sie am Ende der Zeiten auf die Gerechten und auf die Sünder warten. Wer Gott unter der Kategorie der Liebe auffaßt, die sich im Universum entäußert, tut sich mit den traditionellen Auffassungen eschatologischer Vorgänge ohnehin schwer. Endzeitliche Seligkeit kann sich der andalusische Denker nur als ewige Gegenwart und Schau Gottes vorstellen, nicht als »Belohnung« im herkömmlichen Sinn; und umgekehrt: Die göttliche Strafe besteht nicht in einer inhaltlich positiv gefaßten Peinigung des Sünders, sondern in der Abwesenheit der göttlichen Gegenwart und ihrer Schau.

Mit anderen Mystikern des Islams (wie auch der anderen Hochreligionen) hat Ibn al-Arabi den ökumenischen Charakter des Denkens und der Attitüde gemeinsam. Während alle Orthodoxie, gleichgültig welcher Tradition, sich schwertut mit der Öffnung gegenüber anderen Religionen und Konfessionen, kennt die Mystik diese metaphysischen Schwellenängste nicht oder doch sehr viel weniger. Die wahre Religion als Erkenntnis Gottes und metaphysischer Liebesakt vollzieht sich jenseits von Moschee und Kirche, Synagoge und Feuertempel.

Das Fortleben Ibn al-Arabis in Persien

Obschon die Theosophie dieses andalusischen Denkers des Propheten alles andere als orthodox gewesen ist, hat sie doch die geistige Landschaft des Islams zutiefst verändert und bis heute geprägt, vielleicht gerade deshalb. Sie entsprach zum Beispiel dem spekulativen Geist der Perser. Eine ungeheure Popularisierung erfuhr die Lehre vom allheitlichen Menschen, vom religiösen Virtuosen, durch den hochberühmten

Bagdader Sufi Abdal Karim al-Dschili (gest. 1403), der in Ibn al-Arabi schon denjenigen erblickte, als der er bis heute gilt: der Größte Scheich (*al-schaich al-akbar*). Vor allem im persischen Kulturbereich, der ja zeitweise bis nach Anatolien reichte, fanden Ibn al-Arabis Gedanken bald eine weite Verbreitung. Sufische Denker wie Ain al-Qudat Hamadani (hingerichtet 1132) hatten mit ihrem Werben für diese Weltauslegung schon den Boden bereitet für eine Durchdringung iranischer Religiosität mit Ibn al-Arabis Einheitslehre. Eine Schlüsselrolle in diesem geistigen Prozeß spielte wohl Ibn al-Arabis Schwiegersohn und direkter Schüler Sadr al-Din al-Qunyawi (gest. 1273). Er beeinflußte die berühmtesten Zeitgenossen auf sufischem und philosophischem Gebiet im Sinne der Lehre seines Schwiegervaters, so Dschalal al-Din Rumi (siehe oben), Fachr al-Din Iraqi (gest. 1289), Nasr al-Din Tusi (gest. 1274), Qutb al-Din Schirazi (gest. 1311), Nadschm al-Din Razi (gest. 1256) sowie Saad al-Din Hammuya (gest. 1252). All diese Philosophen waren gepackt von dem Versuch, die Lehren des Islams unter dem Gesichtspunkt einer metaphysischen Einheit von Gott und Welt rational zu durchdringen und in eine Ethik der Liebe und der Gottesschau zu überführen.

Es gehört zu den großen Entdeckungen der vergangenen Jahrzehnte, daß unter dem Einfluß dieser Theosophie im Osten der islamischen Welt das philosophische Spekulieren erhalten blieb und sich dort sogar weiterentwickelte. Mit Henry Corbin und anderen spricht man heute von der Schule von Isfahan, die in safawidischer Zeit blühte und ohne das Denken Ibn al-Arabis niemals entstanden wäre. Schiitische Theologie, Sufismus und Einheitslehre wurden in Iran von Sajjid Haydar Amuli (1385) in seinem Werk »Die Geheimnisse des inneren Pfades« miteinander versöhnt. Die Theosophen von Isfahan (siehe unten) schufen dann eine Tradition, die unter der Bezeichnung *hikmat* oder *hikmat-i ilahi* (Gnosis, Göttliche Weisheit) auftrat und über die Philosophen Mir Fandaraski und Mir Damad im Werk des Denkers

Mulla Sadr al-Din Schirazi (»Mulla Sadra«, gest. 1640) gip-
felte. Dieser, ein Schüler Mir Damads, gilt als der führende
safawidische Philosoph, als Schöpfer einer Synthese aus
mystisch-gnostischer Schau und Rationalismus. Mulla Sadra
schuf eine Art Scholastik, in der das Denken al-Farabis, Ibn
Sinas, al-Suhrawardis und Ibn al-Arabis verknüpft wurde.
Eine im letzten illuministische Erkenntnistheorie korrespon-
dierte mit einer Einheits-Metaphysik. Noch im 19. Jahrhundert hat der Philosoph Mulla Hadi Sabzewari (1798–
1878) diese Tradition fortgesetzt. Sie ist in Iran, wie wir noch
sehen werden, bis heute populär.

BEFREIER ODER »ALLESZERMALMER«?

Al-Ghazali als Denker

Dem deutschen Philosophen Immanuel Kant (1724–1804), der vielleicht der größte Denker der Neuzeit gewesen ist, hat man den Beinamen »der Alleszermalmer« gegeben. Grund dafür war seine Erkenntnistheorie, der sogenannte Kritizismus, die er als Abart des erkenntnistheoretischen Idealismus in seinem Hauptwerk, der im Jahre 1781 erschienenen »Kritik der reinen Vernunft«, darlegte. Kant bestritt darin, daß der Mensch im Erkenntnisprozeß das »Ding an sich« (die Welt an sich, könnten wir populärer sagen) erfaßt. Wir schaffen vielmehr aufgrund der uns a priori vorgegebenen Kategorien der Wahrnehmung und des Denkens ein Bild der Welt, das zwar für uns Menschen zutrifft, weil wir alle gleich organisiert sind, aber keine Wahrheiten »an sich« enthält. Hergestellt wird dieses Bild der Welt dadurch, daß wir diese vorgegebenen Muster und Kategorien unseres Geistes und unserer Wahrnehmung – als eine Art Käseglocke des Bewußtseins – auf jenes Material anwenden, das uns die Sinne von außen liefern. Gedanken ohne Sinneserfahrung sind leer, Empfindungen ohne das Denken blind, wie die berühmte Formulierung heißt. Alles andere geht ins Leere, ist eine »Luftschiffahrt des Geistes«. Für die klassische Metaphysik mit ihren Lehren und Vorstellungen über Gott, Freiheit und Unsterblichkeit bedeutete dieser Generalangriff des »Alleszermalmers« den Todesstoß. Ohne Kant oder gegen Kant ist der seriöse philosophische Umgang mit diesen Dingen heute nicht mehr möglich.

Kants Zerstörung der klassischen Metaphysik hat übrigens eine zweite Seite: Kant blieb nämlich durchaus Metaphysiker. Die »Ideen« Gott, Freiheit und Unsterblichkeit beschäftigten ihn weiterhin, nicht zuletzt, weil sie uns unabweisbar durch die Vernunft selber aufgegeben sind; sie kann gar nicht anders. Und Kant blieb sogar der Auffassung, daß der Mensch an diesen »Ideen« unbedingt festhalten müsse, und zwar als »regulative Ideen der praktischen Vernunft«. Metaphysische Vorstellungen sind denknotwendig, zum Beispiel, wie Kant zunächst meinte, zur Wahrung der Moral und Sittlichkeit; sie sind aber leider nicht beweisbar. Dennoch gehören sie sozusagen als Schlußstein in jenes Gebäude, das die kantisch definierte Vernunft immerhin zu errichten vermag. So erklärt sich Kants berühmter Satz: »Ich mußte das Wissen abschaffen, um für den Glauben Platz zu bekommen«. Gemeint ist natürlich das metaphysische Wissen, die geistige Luftschifferei.

Vor seiner »kritischen Phase« war Kant ein Vertreter des Leibniz-Wolffschen Rationalismus gewesen. Doch die Lektüre der Werke des großen schottischen Philosophen David Hume (1711–1776) hatte ihn aus seinem »dogmatischen Schlummer gerissen«, wie er selbst schreibt. Das muß man sich durchaus wörtlich vorstellen. Hume war Skeptiker und Empirist, Sensualist. Der Rationalismus außerhalb Englands, in Deutschland und Frankreich, stützte sich auf die objektive, im Denken wie in der Wirklichkeit zu verzeichnende Gültigkeit des Kausalitätsgesetzes. Doch nach Hume gab es das Kausalitätsgesetz strenggenommen gar nicht. In seiner Erkenntnistheorie löste es sich auf zu einer assoziativen Gewohnheit der »Seele«. Die Sinne sehen viele tausend Mal, daß zum Beispiel eine zweite Kugel in Bewegung gerät, nachdem eine erste sie berührt hat. Aus dem rein zeitlichen Ablauf eines post hoc, eines Nacheinander, macht die Gewohnheit des Immer-wieder-Sehens durch Assoziation ein kausales propter hoc, ein Wegeneinander, eine Ursache oder ein Gesetz. Doch Gesetze solcher Art sind nur eine Angewohnheit des Verstandes, eine assoziative Denkökonomie, mit der der Mensch die Welt der Einzeldinge für sich ordnet.

Die Welt ist durch und durch dinglich. Über ein Gesetz oder Gesetzmäßigkeiten überhaupt außerhalb der Sinne und der Denkgewohnheit ist nichts auszumachen.

Diese fundamentale Kritik Humes am Kausalitätsgesetz, die man auf alle Gesetze übertragen kann (was der strenge Empirismus auch tut) führte bei Kant zum Zweifel an allen realistischen Auffassungen des Kausalitäts-Gesetzes, wie sie für die klassische Metaphysik konstitutiv gewesen waren. Der Verstand, so seine These, die Hume berücksichtigt, aber doch auch von ihm abweicht, schreibt den Dingen die Gesetze vor – so seine berühmte »kopernikanische Wende« in der Philosophie. Das Erkennen wird endgültig nicht zu einem Erfassen, sondern der Verstand ist Gesetzgeber. Er schreibt den Dingen die Gesetze vor. Seit Hume und Kant hat sich die Philosophie Europas, grob gesprochen, in zwei Richtungen entwickelt: Entweder man zieht aus dieser radikalen Kritik an der Erkenntnisfähigkeit noch radikalere Konsequenzen. Dann landet man in jenem Erkenntnisgefängnis, als das das menschliche Denken und Forschen heute vielen erscheint. Oder man setzt sich mit Kant und den Folgen auf eine Weise auseinander, die doch noch Reste von Erkenntnisrealismus, damit auch Metaphysik übrigläßt. So ließ es einem Mann wie Einstein keine Ruhe, daß die Physik nicht imstande sein sollte, eine gewisse realistische Erkenntnis zu leisten. Bei ihm sind Sympathien für manche vorkantische Philosophen, etwa Spinoza oder Leibniz (1646–1716), unverkennbar. Und entsprechend intensiv setzte er sich mit Kant auseinander.

Im Denken des Islams treffen wir nun auf einen Mann, dem man ebenfalls den Titel eines »Alleszermalmers« geben könnte. Im übertragenen Sinne haben manche das auch getan und ihm gewissermaßen den Prozeß gemacht. Seine geistige Biographie hat Ähnlichkeiten mit derjenigen Kants. Es ist der bedeutendste Theologe der Orthodoxie Abu Hamid Muhammad al-Ghazali, der auch als Philosoph hervorgetreten ist. Sein Lebensweg ist das ergreifende Beispiel eines islamischen Intellektuellen, der zwischen philosophischer

Skepsis im oben beschriebenen Sinne Humes oder Kants, einer gewissen mystischen Exaltation und einer quietistischen Orthodoxie, einem Fideismus, als Lösung seiner Probleme hin- und herschwankt.

Doch war er wirklich ein Alleszermalmer, der den Rationalismus im Islam abtötete, wie manche behaupten? Wollte er das metaphysische Wissen abschaffen, um für den Glauben um so mehr Raum zu bekommen? Kants Kritizismus, dies ist die andere Seite der Medaille, wurde von vielen ja als befreiende Tat empfunden, und zwar von Wissenschaftlern wie Theologen gleichermaßen, weil Glauben und Wissen sich fortan nicht mehr in die Quere zu kommen schienen.

Wie ist nun die Skepsis al-Ghazalis zu bewerten?

Al-Ghazali stammt aus dem ostiranischen Tus, wo er im Jahre 1058 geboren wurde. Der Hochbegabte machte schon früh auf sich aufmerksam. Bei seinem berühmten Lehrer al-Dschuwaini konnte er schon bald seinen Wissensdurst nicht mehr befriedigen. Der Gelehrte fühlte sich in einem unstillbaren Drang nach Wahrheit und Erkenntnis vom Rationalismus der Philosophen stark angezogen, so daß er ihre Werke las. Der angesehene Wesir Nizam al-Mulk in Bagdad, ein gewiefter Politiker, der die Aufgabe hatte, den Kampf des sunnitischen Kalifats gegen die immer mächtiger werdenden Häretiker des heterodoxen Siebener-Schiismus auch mit den Waffen des Geistes und der Propaganda zu führen, holte den großen Gelehrten in die Hauptstadt des Reiches, wo er bald an der vom Wesir begründeten Hochschule al-Nizamijja zur Leuchte der theologischen Wissenschaften wurde. Al-Ghazali hatte dort die Aufgabe, die Propaganda der »Batiniten« zu bekämpfen, das heißt sich geistig mit jenen schiitischen »Abweichlern« auseinanderzusetzen, die den Koran auf eine nicht-orthodoxe Weise interpretierten. Die Batiniten unterschieden den Korantext nach seinem äußeren (*zahir*) und inneren (*batin*) Sinn. Esoterische Auslegungen der heiligen Schrift – da machte offenbar auch der Islam keine Ausnahme – wurden immer als Gefahr für den inneren Zusammenhalt des Staates angesehen. Der Batinismus ist stark antinomistisch geprägt, das heißt: Wie die Mystik sieht er im Islam nicht Gesetzesfrömmigkeit, sondern eine esoterische Lehre für eine Elite, die das Religionsgesetz als etwas nur Äußerliches betrachtet, das auch aufgehoben werden kann. Die politischen Implikationen sind klar: Das Religionsgesetz dient den Herrschenden, in den Augen der Schiiten natürlich auch der falschen Dynastie. Wahre geistige wie politische Führer sind für die schiitischen Esoteriker vor allem ihre Imame, die Nachkommen Alis, respektive deren irdische Stellvertreter.

Zumindest dem Wesir Nizam al-Mulk nutzte sein Engagement und al-Ghazalis geistig-ideologische Auseinandersetzung mit den Bataniten nichts: Er fiel einem Attentat jener geheimnisvollen Sekte der Assassinen zum Opfer, die sich als die erbittertsten Feinde der Abbasiden-Dynastie erwiesen. Die Assassinen waren schiitische Extremisten, die ihren Ursprung im fatimidischen Ägypten hatten. Dort war es innerhalb der Fatimiden-Dynastie im 11. Jahrhundert zu Auseinandersetzungen zwischen den beiden Thronprätendenten al-Musta'li und Nizar gekommen. Die Anhänger Nizars unterlagen und gingen, geführt von Hasan al-Sabbah, zum Terrorismus über. Mit Hilfe der Gewalt wollten sie das Bagdader sunnitische Kalifat stürzen, wenn ihnen die Machtergreifung in Ägypten schon versagt gewesen war. Zu Zentren des assassinischen Terrors entwickelten sich Syrien und der Norden Persiens. In den Bergen des Elbrus gründeten sie einen Kleinstaat mit eigener, auf Hasan al-Sabbah zurückgehender Dynastie, dessen organisatorische Mitte die Berg-Feste Alamut war. Von dort aus entwickelte sich der Terror der Assassinen zu einer Plage, die selbst in den Aufzeichnungen der christlichen Kreuzfahrer widerhallt. Es war später erst den Mongolen vorbehalten, die Assassinen und ihr Nest für immer auszuräuchern, als sie 1256 Persien überfielen. Zwei Jahre danach machten sie freilich auch der »rechtgläubigen« Abbasiden-Dynastie in Bagdad ein grausames Ende.

Man sieht: Al-Ghazali lebte in einer unruhigen, sogar stürmisch bewegten Zeit, in der die Sicherheit in der Frage, was der rechte Glaube sei, verlorenzugehen drohte. Es war eine Epoche der Unsicherheit, in der man schnell zum Abtrünnigen vom Glauben erklärt wurde, zumal diese Frage auch von politischer Relevanz war.

Eigentlich war neue Sicherheit gefragt. Konnte die Philosophie sie bieten?

Al-Ghazali fand sie in der Philosophie nicht, obschon er sich dieser mit Eifer widmete und selbst sehr wohl als Philosoph eingeschätzt werden kann. Er verfaßte Schriften zur Logik (*mantiq*), zum islamischen Recht (*fiqh*), zur Theologie (*kalam*), zur Mystik (*tasawwuf*) und zur Philosophie (*falsafa*). Ergreifend und ganz aus dem philosophisch-theologischen Rahmen fallend ist seine Autobiographie »Der Erretter aus dem Irrtum« (*al-munqidh min al-dalal*), in der er die schwerste seiner zahlreichen inneren Krisen verarbeitet. Ausdrücklich philosophischen Themen gewidmet sind zwei umfangreiche Werke: »Die Ziele der Philosophen« (*maqasid al-falasifa*) und »Die Inkohärenz der Philosophen« (*tahafut al-falasifa*). Im ersten Werk, das Einblick in die Aneignung der Philosophie durch den asch'aritisch ausgebildeten Theologen al-Ghazali gibt, kann man noch darüber streiten, ob der Autor die Rolle der Philosophie positiv oder skeptisch bewertet. Es ist mehr darstellender, referierender Natur. Im zweiten wird einer Skepsis gehuldigt, die unseren Vergleich mit dem kantischen Kritizismus herausgefordert hat.

Es ist nun nicht so, daß al-Ghazali aller Philosophie und allem rationalen Denken ein für allemal adé gesagt hätte, dies wäre wohl zu einfach. Er war auch kein Fundamentalist. Doch er wirft den Philosophen vor, daß sie in einer ganzen Reihe von Fragen anderer Auffassung seien als der Koran und der Glaube. Ausdrücklich geht es ihm wohl um die Auffassung von den Wundern. Wer, wie die Philosophen, auf dem Prinzip einer unverbrüchlichen Kausalität bis hin zur ersten Ursache beharrt, muß sich von einem Gott, der in seiner Allmacht jederzeit auch Wunder tun, das heißt die Naturgesetze außer acht lassen kann, verabschieden. Er kennt eben nur die Kausalität. Die Vorstellung, daß gerade das Wirken Gottes mittels seiner kausalen Gesetze das Wunderbare sein könne, war wohl mit dieser Auffassung von Allmacht, wie al-Ghazali sie hegte, nicht zusammenzubringen.

Dabei wird vor allem Avicenna der wichtigste Adressat seiner kritischen Anwürfe. Insgesamt nimmt al-Ghazali zwanzig Thesen der Philosophen aufs Korn, doch sind es vor allem drei Punkte, die ihn besonders stören und die Anlaß zu seiner fundamentalen Kritik geben. Avicenna und andere lehren, erstens, gegen den Koran die Ewigkeit der Welt und leugnen damit die orthodoxe Auffassung einer spontanen Schöpfung der Welt durch Gott, seinen freien Entschluß und Willen. Das zweite ist die Behauptung, die substanziell geistige Seele sei unsterblich, wie Ibn Sina gelehrt hatte; der Koran verheißt jedoch die Auferstehung des Leibes; der dritte neuralgische Punkt ist die von den Philosophen vertretene Meinung, Gott kenne die Einzeldinge nicht oder nur sehr unvollkommen, was sich nach al-Ghazali schon nicht mit der Benennung Gottes als des Allwissenden verträgt.

Zentrale Argumentation der »Tahafut« ist, mit den oben erwähnten Punkten eng verbunden, eine scharfe Kritik der Theorie, daß es eine natürliche Kausalität im Sinne des metaphysischen Realismus gäbe. An dieser Stelle kommt nun ins Spiel, was wir zu Beginn über Kant, vor allem jedoch über Hume gesagt haben, denn wie Hume legt al-Ghazali mit seiner Argumentation die Axt an die *Wurzel* des rationalistischen Denkens an sich: an die Kausalität und an das Kausalitätsgesetz, soweit sie als Denkprinzip und mit ihm übereinstimmende Ordnungsstruktur der Wirklichkeit gefaßt sind: Jede Wirkung hat eine Ursache. Das erkenntnistheoretische *pattern* der Argumentation ist ganz ähnlich dem Hume'schen. Sätze wie: »Ein Stück Wolle brennt, weil es vor seiner Entzündung mit Feuer in Berührung gekommen ist«, sind im strengen Sinne, den die Erkenntnistheorie als Erkenntniskritik zugrunde legt, nicht zu beweisen, da der Augenschein der Sinne, die uns von der Welt Kunde geben, immer nur ein Hintereinander von Ereignissen wahrnimmt, niemals ein kausales Wegen-Einander. In der abendländischen Terminologie spricht man davon, ein *post hoc* werde mit einem *propter hoc* ungerechtfertigterweise gleichgesetzt. Eine natürliche Kausalität, die in den Einzeldingen wirkt, ist nach al-Ghazali nach dem Kriterium einer strikten Beweisbarkeit nicht zu halten. Damit aber entfällt auch der Glaube daran, daß man mit Hilfe des kausalen Schließens des Verstandes jene metaphysischen Thesen beweisen könne, von denen die Philosophen sprechen, denn dieser setzt voraus, daß das kausale Denken des Verstandes eben exakt einem natürlich wirksamen Kausal-Prinzip (Gesetz) in den Dingen der Außenwelt selbst entspricht, was aber nicht eindeutig belegt werden kann. Wenn jedoch alles, was geschieht, durch spontanes und jedesmaliges Eingreifen Gottes geschieht, sind nach al-Ghazalis Auffassung auch Wunder zu retten. Darum ging es ihm.

Natürlich weiß auch al-Ghazali, daß Wolle brennt, wenn man Feuer an sie hält. Und natürlich wußte das auch Hume. Es geht aber hier um grundsätzliche Fragen, die sich um gewöhnliche Überzeugungen und übliche Meinungen nicht zu kümmern haben. Es geht um Beweisbarkeit. Da kann der sogenannte gesunde Menschenverstand mit seinen eingeschliffenen Gewohnheiten wenig helfen. Vom Standpunkt der rein empiristischen Erkenntnistheorie, für die allein das Zeugnis der Sinne (Sensualismus) Erkenntnis sichert, während alle anderen Kriterien ein nachgeordnetes gedankliches Spiel jenseits der Erfahrung, gewissermaßen ins Leere oder Blaue hinein darstellen, ist al-Ghazalis Argumentation zunächst ebenso schlüssig wie diejenige Humes. Man kann deshalb verstehen, daß sie die Philosophen zutiefst verunsichert, ja zur Verzweiflung gebracht hat. Das Problem ist bis heute ungelöst, wobei wir gleich sehen werden, daß al-Ghazali es sogar noch weiter zuspitzt als Hume und später Kant.

Denn weder Hume noch Kant leugnen, daß man sinnvoll Wissenschaft betreiben kann. Kant löst das Problem durch seine zwölf apriorischen Kategorien, die die Wissenschaft für alle Menschen gültig machen, auch wenn das Ding an sich unerkennbar bleibt. Hume ist noch skeptischer, da er das Gesetz (Naturgesetz, Moralgesetz usf.) völlig in Assoziation und Gewohnheit auflöst, doch bleibt von der Wissenschaft immerhin eine verbindliche Denkökonomie übrig, welche die Sinnesdaten für alle Menschen ordnet.

Auch al-Ghazali kennt den Begriff der Gewohnheit. Er spricht jedoch von der »Gewohnheit Gottes«. Die Regelmäßigkeit, wie sie dem denkenden und forschenden Menschen in der Welt zweifelsohne zu herrschen scheint, geht *letztlich* auf die Gewohnheit Gottes zurück. Sie wird von al-Ghazali ganz punktuell gefaßt, in der Sprache der westlichen Philosophie: occasionalistisch. »Es gibt keinen Wirkenden, außer Gott!« So könnte man al-Ghazalis Deutung der »Kausalität« charakterisieren. Was die westliche Philosophie und Wissenschaft als Naturgesetz bezeichnen, ist nach al-Ghazali ein ständiges punktuelles Eingreifen Gottes in das Weltgeschehen, »bei jeder Gelegenheit« (*per occasionem*). Der Occasionalismus ist im westlichen Denken vor allem mit dem französischen Philosophen Nicolas Malebranche (1638–1715) verbunden, der glaubte, mit dieser ziemlich künstlich anmutenden Methode das seit Descartes wieder aktuelle Leib-Seele-Problem lösen zu können. Man muß freilich hinzufügen, daß al-Ghazali – im Unterschied zu Malebranche – keineswegs der Erfinder des Occasionalismus im Islam gewesen ist, sondern hier nur der Erbe einer langen atomistischen Tradition, vor allem auch der Schule al-Asch'aris, die einen Mann wie al-Ghazali geprägt hat.

Wie sehr kann nun al-Ghazali als ein »Alleszermalmer« der Philosophie im Islam angesehen werden, das heißt als ein Denker, dessen Einfluß so niederschmetternd gewesen ist, daß sich das philosophische Denken davon nicht mehr erholen konnte? Man wird sich gewiß des Eindrucks nicht erwehren können – und so urteilen auch viele Kenner al-Ghazalis und der islamischen Philosophie –, daß al-Ghazali der Philosophie durch seine kritische Herangehensweise schwere Schläge versetzt hat. Friedrich Dieterici etwa, der große Erforscher islamischen Denkens im 19. Jahrhundert, gelangte zu einem vernichtenden Urteil in dieser Hinsicht.

Indessen ist es vielleicht doch eine etwas zu monokausale Erklärung für solche umfassenden geistesgeschichtlichen Entwicklungen, die ja ganze Epochen umgreift, wenn man dafür einen einzigen Denker herausgreift und ihn sozusagen persönlich haftbar und verantwortlich macht, ganz abgesehen davon, daß die Zuteilung einer persönlichen »Schuld« ohnehin unangemessen ist. Will man denn auch Kant oder Hume ernstlich vorwerfen, daß sie mit ihrer Skepsis der klassischen Metaphysik ihr Grab schaufelten und sogar das Verständnis der Wissenschaft erschütterten (Hume viel mehr als Kant)?

Dies kann um so weniger gelten, als al-Ghazali keineswegs einem dumpfen Irrationalismus das Wort redete. So akzeptierte er das von al-Farabi vorgelegte neuplatonische Modell der Kosmologie. Er hielt sogar regelmäßige Schulung in der Logik für theologisch unabdingbar. In bezug auf den Glauben freilich macht er deutlich, wie sehr ihn die Religion des Herzens, der Sufismus, aus seinen intellektuellen Krisen rettete und befreite. Diese Krisen erschütterten und verunsicherten ihn so sehr, daß er vorübergehend sogar zum Stotterer wurde oder gar überhaupt nicht mehr reden konnte. Er hat aus dieser Krise dadurch einen Ausweg gefunden, daß er sich verstärkt dem Sufismus zuwandte und diese bis dato noch anrüchige Doktrin in einer moderaten Weise in den sunnitischen Islam integrierte. Er tat dies in seinem umfangreichen Werk »Die Wiederbelebung der religiösen Wissenschaften« (Ihja 'ulum al-din), das bis heute das unumstrittene Lehrwerk des sunnitischen Islams geblieben ist.

Den Sufismus beschreibt al-Ghazali in seiner Abhandlung »Kimija al-Saada«, dem »Elixier der menschlichen Glückseligkeit«, sowie in seinem »Mischkat al-anwar« oder »Die Nische der Lichter« als eine Religion des Herzens, die den gesamten Glauben innerlich zu tragen habe. Damit verinnerlicht er den Glauben im Sinne einer Individualisierung und Vertiefung. So orthodox al-Ghazali auch sein mag, so sehr verachtet er jedoch den bloßen »Augendienst« (*rija*), das heißt eine Frömmigkeit, die sich im bloßen Formalismus und Ritualismus zu erschöpfen scheint. Sie ist für al-Ghazali schlichtweg Heuchelei. Auch mit diesen Vorstellungen knüpft al-Ghazali an Auffassungen der Mystiker an. Man sieht, daß es falsch wäre, in ihm einseitig einen verknöcherten Pharisäer zu sehen.

Trotz seiner Fehden mit den Batiniten ist al-Ghazali in der Theologie kein Fundamentalist. Solange theologische Debatten nicht behaupten, der Prophet sage die Unwahrheit, sind sie erlaubt und müssen sie erlaubt sein. Die bloße Abweichung hinsichtlich der Meinung oder Interpretation ist keine Ketzerei (*kufr*), sondern sogar fruchtbar. Dies legt der Denker in seinem Traktat über das »Entscheidende Kriterium hinsichtlich des Glaubens oder Unglaubens« eindeutig dar. Die heutzutage so sehr verengte theologische Diskussion mutet in manchem wie eine schreckliche Karikatur al-Ghazalis an. Damit soll freilich nicht gesagt sein, al-Ghazali befürworte die uneingeschränkte geistige Freiheit im modernen Sinn des Wortes. Dieses Prinzip war in den religiös strukturierten Gesellschaften des Mittelalters unbekannt, es hätte wohl auch niemand verstanden. Es ist jedoch zu einfach, einen schillernden Mann wie al-Ghazali, der gewiß auch ein persönliches Problem lösen wollte, im Sinne eines »Alleszermalmers« für das abrupte Ende der Philosophie verantwortlich zu machen.

DIE DREI PERIPATETIKER DES MAGHRIB

Ibn Baddscha, Ibn Tufail, Ibn Ruschd

Das 12./6. Jahrhundert ist im maurischen Spanien schon vom langen Schatten politischer und kultureller Dekadenz gezeichnet. Im Jahre 1085 war es den christlichen Herrschern gelungen, die Stadt Toledo den Muslimen zu entreißen und sich damit wieder in der geographischen Mitte der Iberischen Halbinsel zu etablieren. Nie wieder haben Muslime die Stadt zurückerobert, obschon es den aus Nordafrika herbeigerufenen Almoraviden und Almohaden kurzfristig, das heißt für jeweils einige Jahrzehnte gelang, den endgültigen Zerfall der maurischen Herrschaft hinauszuschieben. Die Philosophie im Andalus ist somit eine späte Blüte der muslimischen Kultur im Westen, gleich der Alhambra von Granada und dem Alcázar von Sevilla. In Ibn Sab'in findet sie einen Vertreter, der stark vom Sufismus beeinflußt ist, der, wie man sieht, mit seinen Theorien vom Aufstieg der Seele zur intuitiven Gotteserkenntnis und zur Gottesliebe bis in den fernen Westen das Islams vorgedrungen war.

Ein Zurück zu einem verhältnismäßig reinen Aristotelismus, ohne die Überwölbungen durch den Neuplatonismus und besonders die Mystik, stellt das Werk von drei Philosophen dar, deren Lebenszeit in eben dieses 12. Jahrhundert fällt. Der Lebensraum dieser Peripatetiker (*mascha'iun*) ist der Maghrib, der arabische ferne Westen (*al-maghrib al-aqsa*), vor allem der Norden Marokkos und der Süden Spaniens, das heißt jenes Gebiet, das den Mauren auf der Iberischen Halbinsel bis zu diesem Zeitpunkt noch verblieben ist. Noch immer sind die Städte Córdoba, Granada und Sevilla wichtige Stätten muslimischer Gelehrsamkeit und Kunst. Dasselbe gilt für Fes und Marrakesch; letzteres ist das Zentrum jener Dynastie der Almohaden (*al-Muwahhidun*), die die Almoraviden (*al-Murabitun*) ablöst mit dem Wunsch und Willen, die Herrschaft des Islams zumindest über den südlichen Teil Spaniens zu bewahren. Für die Kultur, für das geistige Leben bedeutet dies eine zweischneidige Angelegenheit, denn die Almohaden verstehen sich zwar als Vorkämpfer einer islamischen Erneuerung in ihrem Herrschaftsgebiet, in einem Gewande freilich, das man heute als fundamentalistisch bezeichnen würde. Widerstand und Geschlossenheit des Islams gegen das unaufhaltsame Vordringen der *Reconquista* schien geboten zu sein. Das bekommen auch die Denker teilweise zu spüren.

*

Vom 3. bis 6. November 1991 fand in der Herzog August-Bibliothek zu Wolfenbüttel das 30. Wolfenbütteler Symposion statt. Gelehrte aus Europa und Amerika versuchten drei Tage lang, sich über das Phänomen des »Averroismus« neue Klarheit zu verschaffen. Averroes nannten die mittelalterlichen Lateiner den arabischen Philosophen Ibn Ruschd, auf den somit die Bezeichnung »Averroismus« zurückgeführt wird. In der westlichen Philosophie soll der Averroismus seit dem 13. Jahrhundert bis hinein in die Spätrenaissance eine wichtige Rolle gespielt haben, vor allem als sogenannter lateinischer Averroismus an der Pariser Artistenfakultät zu Zeiten des heiligen Thomas. Der Aquinate war es denn auch, der 1270 eine philosophische Streitschrift unter dem Titel »De unitate intellectus contra Averroistas« – über die Einheit des Intellekts, gegen die Averroisten – verfaßte, und der Bischof von Paris Tempier verurteilte offiziell 200 an der Universität gelehrte Thesen, von denen die »häretischsten« dem Averroismus zugeschrieben wurden. Die wichtigsten von ihnen waren: die Lehre von der Einheit des Intellekts und die Doktrin von der doppelten Wahrheit (*duplex veritas*). Der Geist in den Menschen sei nur einer, überindividuell und damit individuell gerade nicht unsterblich; und die Wahrheit könne insofern in eine philosophische und eine religiöse »gespalten« werden, als religiös durchaus wahr sein könne, was philosophisch falsch sei, und umgekehrt. Es gibt also zwei sich widersprechende Wahrheiten, eine religiöse und eine philosophische.

Schon bei dem Wolfenbütteler Symposion wurde deutlich, daß beim genauen Hinsehen zumindest im Werk des Ibn Ruschd solche Thesen nicht aufzufinden sind. Ist der ganze Averroismus nur ein Phantom, das durch das Mittelalter geisterte und im vorigen Jahrhundert durch den französischen Gelehrten Ernest Renan und sein Werk »Averroes et l'Averroisme« (zuerst 1852) wiederbelebt worden ist?

Die Rede ist von Abu al-Walid Muhammad Ibn Ahmad Ibn Ruschd, geboren 1126 in Córdoba und im Jahre 1198 ebendort gestorben. Ibn Ruschd war Mediziner und Philosoph – eine Mischung, die uns nun schon vertraut ist, aber auch Richter. Die Ausbildung und der Beruf eines Kadis prägten ihn auf besondere Weise. 1171 wurde er Oberkadi von Sevilla, bevor man ihn wieder in seine Heimatstadt zurückrief. In den letzten Jahren seines Lebens mußte er erfahren, daß das geistige Klima unter den herrschenden Almohaden immer unduldsamer wurde. Ein Teil seiner Schriften wurden unter dem Einfluß der Orthodoxie verbrannt. In der Nähe der Mezquita, der Großen Moschee von Córdoba, kann man heute ein Standbild bewundern, das die Stadt einem ihrer größten Söhne gewidmet hat, nicht weit entfernt übrigens von einer Statue des Maimonides, eines weiteren, obschon jüdischen berühmten Córdobeser Arztes und Philosophen, der ebenfalls im Schatten der Mezquita aufwuchs, bevor er nach Marokko und später nach Kairo auswandern mußte.

Ibn Ruschd war dem gesamten Mittelalter und auch der Neuzeit vor allem als der führende Aristoteles-Kommentator der muslimischen Welt bekannt. Diese Kommentare, unter anderem auch einer zur »Politeia« Platons, sind vornehmlich in lateinischer Sprache überliefert. Weniger gelesen wurden jene Arabisch überkommenen Werke des Averroes, in denen er seine eigenenen philosophischen Ansichten darlegt. Sie weisen ihn als den führenden Religionsphilosophen im Islam aus, wenn auch mit stark freidenkerischen Zügen. Drei dieser Werke hat Marcus Joseph Müller im Jahre 1875 unter dem Titel »Philosophie und Theologie von Averroes« auf Deutsch vorgelegt: »Die entscheidende Abhandlung« (*Kitab fasl al-maqal*), »Die Erklärung der Beweismethoden hinsichtlich der Glaubensvorstellungen der Religion« (*Kitab al-kaschf al-adilla fi aqa'id al-milla*) sowie die »Damima«, den sogenannten Zusatz, eine ganz kurze, erläuternde Schrift. Das Hauptwerk des Ibn Ruschd freilich ist die »Inkohärenz der Inkohärenz« (*tahafut al-tahafut*), mit dem der Denker direkt auf jene Kritik an der Philosophie antwortet, die al-Ghazali in seiner »Inkohärenz der Philosophen« vorgebracht hatte. Erst 1954 wurde dieses Buch ins Englische übersetzt, eine lateinische Fassung war seit 1328 unter dem Titel »Destructio Destructionum« in der gelehrten Welt im Umlauf gewesen. Ibn Ruschd beharrt darauf, daß Glauben und Erkenntnis sich nicht widersprechen. Er wäre überdies auch ein schlechter Philosoph gewesen, wenn er eine These wie die von der doppelten Wahrheit aufrechterhalten hätte. Der arabische Philosophie-Historiker Abd al-Rahman Badawi jedenfalls vermag nirgendwo im bekannten Werk des Averroes eine Lehre von der doppelten Wahrheit zu entdecken. Ist das ganze deshalb nur ein Mißverständnis? Beruht das Gerede über den Averroismus und den in seinem Gefolge in die Renaissance-Philosophie Europas eingedrungenen Atheismus nur auf Fehlinformationen? Wenn Averroes selbst kein Averroist war, wie erklärt sich dieses Phänomen?

Verschiedene Lösungen sind möglich. Schon bei Ibn Sina war ja angeklungen, daß die Sprache der Offenbarung eine andere sei als die der Philosophie. Die Religion spricht zum Volk und muß sich dessen Fassungskraft anpassen. Auch Ibn Ruschd denkt so. Die Sprache der Religion, mehr bildhaft als bestimmt, verbirgt die Glaubenswahrheiten eher, als daß sie

sie klar zum Ausdruck bringt. Dem Philosophen obliegt es, sie in klarer Sprache zum Ausdruck zu bringen. Es gibt also keine doppelte Wahrheit, eine religiöse und eine wissenschaftliche, sondern eine doppelte Art des Sprechens über dieselben Dinge.

Die metaphorische Rede ist nun etwas, das der islamischen Kultur alles andere als fremd ist. Doch das Argument berührt natürlich eine ganz grundsätzliche Frage: die nach der Sprache des Korans. Man kann mit Gewißheit sagen, daß Ibn Ruschd auch mit jenen hermeneutischen Techniken vertraut gewesen ist, die man unter dem Namen *ta'wil* zusammenfaßt. Die Offenbarung, welche die Glaubenswahrheiten enthält, kann sozusagen zweidimensional aufgeschlüsselt werden: äußerlich, im großen und ganzen nach ihrem Buchstaben, oder innerlich (inwendig), nach ihrem tieferen Sinn. Vor allem die Batiniten und die Sufis kennen, wie wir gesehen haben, diese Unterscheidung in Exoterik und Esoterik und benutzen sie gegebenenfalls virtuos. Ist also die authentische Philosophie des Ibn Ruschd eine inwenige, esoterische Lehre, deren Rationalismus der Religion den Schleier vom Angesicht reißt?

Diese Deutung scheint möglich, wenn auch bei Ibn Ruschd insgesamt der aristotelische Rationalismus viel reiner auftritt als bei den meisten Sufis und sogar bei Avicenna. Bei Ibn Ruschd ist wohl auch wichtig, daß er im Hauptberuf Richter gewesen ist. Von diesem Standpunkt aus, das heißt als Vertreter des Rechts, das die Gesellschaft trägt und prägt, setzt sich der andalusische Philosoph auch mit den Einwürfen des al-Ghazali auseinander. Friedrich Niewöhner zeigt den Zusammenprall der beiden Gelehrten sehr eindrucksvoll im Falle von al-Ghazalis Anklage, die Philosophen leugneten die Auferstehung. Ibn Ruschd verdeutlicht, daß er selbst nichts weniger tue als dies, und er führt auch die Meinungen »speziell der Philosophen« an, welche die Auferstehung keineswegs abgelehnt hätten. Nach Ibn Ruschd gibt es – modern gesprochen – keine rein weltliche, allein durch das philosophische Denken zu begründende »autonome« Moral. Es gibt auch nicht *eine* Moral allein, sondern jede Religion begründet ihre Moral. Die Tugenden wurzeln letztlich in der Verehrung Gottes, die freilich auch die Verheißung oder Drohung des Gerichtes in sich birgt. In diesem Transzendenz-Bezug und in der Begründung für die Notwendigkeit des Glaubens an die Auferstehung wurzelt auf diese Weise auch der Zusammenhalt der Gesellschaft, verbürgt durch die Gesetze der verschiedenen Religionen. Im Islam ist das die *scharia*. Das Gesetz aber ist notwendigerweise politischer Natur. »Averroes«, so schreibt Niewöhner, »beweist nicht die Auferstehung, sondern nur die Notwendigkeit des Glaubens an sie«. Gleichwohl zeigt dies, daß die späteren Vorwürfe an die Averroisten mit großer Vorsicht zu genießen sind, vor allem gegenüber Averroes selbst, der offenbar gar kein Averroist gewesen ist.

Aber was ist mit der Lehre von der Einheit des Intellekts, die dem Ibn Ruschd zugeschrieben wird? Der Geist ist nur kollektiv einer, so daß er als einzelner mit dem individuellen Tod im kollektiv-einen Geist vergeht und erlischt. Es ist ein Thema, das mit dem Streit um die Auferstehung verknüpft ist. Was meinte Ibn Ruschd mit dieser Doktrin, wenn er sie denn überhaupt gelehrt hat? Faßte er die Vorstellung eines einheitlich-kollektiven Intellekts ontologisch oder nur erkenntnistheoretisch auf? Daran hängt vieles. Falls die These ontologisch gemeint sein sollte, bedeutete sie tatsächlich die Leugnung der individuellen Unsterblichkeit der Seele, wie das auch der heilige Thomas und andere verstanden und dagegen argumentiert haben. Im zweiten Fall könnte man die These als befreiende Grundlegung eines weltumspannenden Rationalismus interpretieren: daß der erkennende (und verstehende) Geist kollektiv-einer in allen Menschen ist, und zwar so aufgefaßt, daß alle Menschen prinzipiell Zugang zu den Vernunftwahrheiten der Philosophie haben. Dem hätte auch der heilige Thomas als Rationalist gewiß nicht widersprochen.

Ibn Ruschd bleibt ein spannender Denker, der seiner eigenen muslimischen Kulturwelt in Zukunft noch vieles bedeuten kann. Er trat für die hundertprozentige Gleichberechtigung der Frau in der islamischen Gesellschaft ein mit dem Gedankengang, es sei dumm, sich der Fähigkeiten der Frauen selbst zu berauben. Und im Westen bleibt das Problem zu lösen, wie es einen sogenannten Averroismus ohne oder gegen Averroes geben konnte, denn er scheint offenkundig kein »Averroist« gewesen zu sein. Handelt es sich um bloße Mißverständnisse, die auf dem langen Weg zustande kamen, den die arabische Philosophie vom Maghrib und von Andalusien nach Mitteleuropa zurücklegte? Dies ist eine Frage, die wohl mehr mit der Geschichte des abendländischen Denkens zu tun hat als mit der Philosophie im Islam. Ibn Ruschds Werke gelten als der Höhepunkt und gleichzeitig als das Ende der Philosophie im muslimischen Westen. Seine Vorgänger und Lehrer waren, indirekt wie direkt, Ibn Baddscha (Avempace) und Ibn Tufail (Abubacer), vor allem letzterer, zu dem Ibn Ruschd auch privat engen Kontakt unterhielt. Ibn Baddscha, 1138 in Fes gestorben, soll durch seine Lehre vom Intellekt immerhin die Intellekt-Vorstellung des Averroes beeinflußt haben. Sein Hauptwerk trägt den Titel »Die Leitung des Einsamen« und ist von al-Farabi stark beeinflußt. In Abu Bakr Ibn Tufail hingegen begegnen wir einem Philosophen, der eine in ihrer Weise umfassende und einmalige Religionsphilosophie vorgelegt hat. Sie beginnt empiristisch, wird dann rationalistisch und mündet schließlich ins Mystische. So steht sie für ein gesundes Denken, das der Wissenschaft, der philosophischen Deutung und am Ende auch dem religiösen Geheimnis seinen Platz zuweist.

Ibn Tufail wurde im Jahre 1105 in einem Weiler in der Nähe des glanzvollen Granada geboren. Die Stadt am Abhang der mit ewigem Schnee bedeckten Sierra Nevada war noch immer ein Zentrum islamischer Kultur und hoher Gelehrsamkeit, wenn sie sich auch schon anschickte, den schmalen

Grat zwischen einer späten Blüte und der Dekadenz zu überschreiten. Die weltberümte Burg Alhambra kündet von diesem späten Glanz und Abglanz. Ibn Tufail hat mit seinem berühmten philosophischen Roman »Der Lebende, Sohn des Wachen« (Hayy Ibn Yaqzan) tief in das christliche Abendland hineingewirkt. Der Titel verweist auf Avicenna, von dem Ibn Tufail die Grundzüge der Handlung übernommen hat. Mit dem »Lebenden« (*hayy*) ist der erkenntnishafte Intellekt des Menschen gemeint, der sich denkend und forschend die Welt erschließt. In Europa bekam der Text, als er bekannt und übersetzt wurde, den Titel »Philosophus autodidactus«; er ist möglicherweise das Vorbild für Daniel Defoes Roman Robinson Crusoe geworden.

Auf einer tropischen Insel, irgendwo im weiten Ozean verloren, lebt ein kleines Kind mit Namen »Hayy«, das von einer Gazelle gesäugt wird. Es ist der einzige Mensch auf diesem Eiland. Der »Lebende« ist nur umgeben von Pflanzen und Tieren. Der junge Mann lernt, wie Robinson, im Laufe der Zeit, mit der Natur zu leben, den Lebensunterhalt durch praktische Vernunft zu sichern. Da stirbt plötzlich seine »Mutter«, die Gazelle. Dieses Erlebnis wird zum tragisch-befreienden Wendepunkt im Leben von Hayy, denn er beginnt nun, über die nicht-materiellen Dinge zu reflektieren. Was ist der Tod, was ist das Leben? Er seziert die Leiche der Gazelle und stellt fest, daß das Lebensprinzip aus ihrem Körper entwichen ist: der Geist. Hayy beginnt nun zu philosophieren und entdeckt die Grundlagen von Philosophie und Metaphysik. Durch Beobachtung der Natur (Empirie) und Nachdenken über sie (Rationalismus) gewinnt er Einsicht in philosophische Prinzipien wie Einheit, Vielheit, Mannigfaltigkeit, Universalität, Kausalität. Dies führt ihn zu Gedanken über die Frage, wie die Welt entstanden sei, das heißt: Hayy entdeckt die erste, notwendige Ursache. Das höchste Ziel des Geistes ist es, Gott, die erste Ursache, zu erkennen. Über der erkenntnishaften Ratio steht freilich die Gabe der mystischen

Schau Gottes, die durch den Intellekt allein nicht zu erreichen ist, sondern der Askese und Kontemplation bedarf.

Der Weg dieses philosophischen Romans ist klar: zu zeigen, wie der Mensch, anhebend mit der sinnlichen Wahrnehmung der »Außenwelt«, auf rationalem Wege voranschreiten kann zur Erkenntnis der Natur und auch der Übernatur. Letztere ist freilich ein Geheimnis, das sich nur der inneren Schau wirklich erschließt. Von religiöser Offenbarung ist nirgendwo die Rede. Ibn Tufail hat so etwas wie eine natürliche Religion entworfen (ein Begriff, der in der europäischen Aufklärung zu großer Bedeutung gelangen sollte), in der Vernunft und Geheimnis zusammengedacht werden, ohne daß man sich auf die Doktrinen der Offenbarung und auf die Gabe der Prophetie verläßt.

In einem Anhang zu seinem Roman, der Geschichte von Salman und Absal, vertritt der Philosoph anscheinend den Standpunkt, daß die geoffenbarte Religion, der Islam, in einer mehr bildhaften Sprache all jene Wahrheiten enthält, die Hayy durch Erfahrung und Denken auf erkenntnishafte Weise gewonnen hat. Die Sprache der Religion ist eine repräsentative, nur die Philosophen sind in der Lage, das, was sie ausdrückt, in philosophischer Begrifflichkeit zu erfassen. An dieser Stelle stoßen wir wieder auf Gedanken, die die Vorstellung von einer doppelten Wahrheit genährt haben könnten.

Mit dem Wirken des Averroes endet die Philosophie in Andalusien wie im Maghrib. Die immer engere Einschnürung der muslimischen Dynastien auf iberischem Boden durch die erfolgreichen Christen war der Philosophie nicht eben günstig, ganz abgesehen einmal von dem puritanischen Glaubenseifer, der sich durchzusetzen begann, wo der Islam verblieb. Die Schriftgelehrten stießen die hellenistische Tradition des Denkens von sich, in der Übersetzerschule von Toledo wurde sie um so wirkungsvoller an die Christen weitergegeben. Im Jahre 1492 »entdeckte« Columbus Amerika, die letzten Mauren wurden aus Granada vertrieben. Darin kann man, wenn man will, ein Symbol erblicken.

DAS FORTLEBEN AVICENNAS UND
SUHRAWARDIS IN DER PHILOSOPHIE IRANS

Die früher gültige Ansicht, nach dem Absterben der Philosophie im arabischen Westen habe es keine ernsthaften Bemühungen um das Denken mehr gegeben, kann heute insgesamt als erwiesenermaßen falsch gelten. Zwar ist es richtig, daß der Historiker, Geschichtsdenker und angebliche »Erfinder der Soziologie« (ein typisch apologetischer, gewaltsam modernisierender und damit überflüssiger Ausdruck, über den noch zu sprechen sein wird) Abd al-Rahman Ibn Khaldun (1332–1406) einsam wie ein erratischer Block in einer geistig dürren Landschaft steht, die nur noch vom Wiederkäuen der Tradition gekennzeichnet war; doch im Osten des Islams, im Maschriq, wirken die Stränge des sozusagen klassischen philosophischen Denkens im Islam teilweise machtvoll nach. Persien wird endgültig zum Fokus dieses Denkens, wie ja der Anteil der Perser auf diesem Feld ohnehin schon überdurchschnittlich groß gewesen war.

Der Aufstieg der Safawiden-Dynastie in Iran seit 1501 ist auch mit der endgültigen Schiisierung des Landes verknüpft. Die Dynastie geht zurück auf einen Sufi-Scheich namens Safi al-Din aus der in der Nähe des Kaspischen Meeres gelegenen Stadt Ardabil, von der er seinen Namen »Ardabili« hat. Der von ihm im 14. Jahrhundert gegründete Derwisch-Orden (*tariqa*) der Safawija war ursprünglich wohl sunnitisch orientiert gewesen, wechselte jedoch später zu einem Schiismus durchaus heterodoxer Provenienz. Unter seinem Führer Schah Ismail gelingt ihm die Machtergreifung. Ismail wird zum Schöpfer des modernen Iran als Nationalstaat, dessen religiöse *raison d'être* der Schiismus ist. Damit hebt sich das islamische Iran von der übrigen islamischen Welt ab; und auch die Perser entwickeln mit der schiitischen Kultur endgültig einen Sonderweg im Islam, der ursprünglich gar nicht angelegt war, von ihnen aber mit Eifer beschritten wird. Ursprünglich war der Schiismus, das heißt das politische und theologische Eintreten für die Partei Alis (*schiat Ali*) eine ebenso arabische Erscheinung gewesen wie der Islam selbst; doch wir werden sehen, wie und warum sich bestimmte Strukturen des iranischen Geisteslebens, bestimmte Vorstellungen des kulturellen Kosmos, den Iran bildet, im Schiitentum am vollkommensten verkörperten.

Es ist jedenfalls berechtigt, von einer Safawiden-Philosophie schiitischer Prägung zu sprechen. Für diese Denker und ihre Schule hat sich auch die Bezeichnung »Theosophen von Isfahan« eingebürgert. Isfahan, nicht Teheran, war damals – zusammmen mit Qazwin weiter im Norden – die Hauptstadt Irans; es wurde unter Schah Abbas dem Großen, das heißt im beginnenden 17. Jahrhundert, und seinen Nachfolgern zu jenem Juwel ausgebaut, welches die Stadt noch heute ist. »Hälfte der Welt« nennen die Perser die Stadt noch immer. Der zentral gelegene Meidan-e Schah, an dessen einer Seite der Große Basar beginnt, zeugt ebenso von Pracht und Glanz des safawidischen Persiens wie die beiden Groß-Moscheen, die sich an seinem Rande erheben: die Schah-Moschee, mathematisch klar strukturiert und geradezu von denkerischem Zuschnitt, und die Moschee des Scheichs Lutfullah mit ihrer einmaligen pastellfarbigen Kuppel, auf deren Glasur sich der Glanz der Sonne spiegelnd bricht, während die Kuppel der Schah-Moschee an das Himmelsblau erinnert. Die Epoche der Safawidenherrschaft brachte, wenigstens zur Zeit ihrer größten Entfaltung, Iran einen nicht unerheblichen Zugewinn an wirtschaftlicher Prosperität und Weltläufigkeit. Die Herrscher knüpften damals auch Kontakte mit dem Westen, etwa mit den Brüdern Sherley, die im Dienste der Ostindischen Kompanie Englands Interessen im Orient wahrten, aber auch Irans Verbindungen mit dem englischen Königshaus intensivierten. Von einem Kolonialismus war man damals weit entfernt. Iran war, wie

Großbritannien, ein starkes Land. Handel und Verkehr blühten ebenso wie die Künste, eine kurze Klimax allerdings, die schon wenige Jahrzehnte nach Schah Abbas dem Großen (gest. 1627) in Dekadenz überzugehen begann. Am Safawidenhof wurden auch Musik und Tanz gepflegt, eine eigenständige Malerei entstand, die nicht nur in Gestalt von Miniaturen, sondern auch an den Wänden des Pavillons Ali Qapu zu Isfahan überliefert wurde. Wer diese Kunstwerke auf sich wirken läßt, begegnet einer ganz anderen Ausprägung islamischer Kultur, als der Fundamentalismus sie nahelegt. Man wird den Verdacht nicht los, daß sie mit Avicennas offenem Denken und mit der Weltauffassung der großen persischen Poeten und Sufis mehr zu tun hat als die vermiefte Rechtgläubigkeit vieler Mullas, die freilich auch damals schon zum Kampf gegen allzuviel Lebensfreude und Kritik neigten. Schiras und Isfahan wurden in jener Zeit Zentren einer eigenständigen iranisch-schiitischen Philosophie, deren Vorläufer wir in Gestalt von Avicenna, Suhrawardi und Ibn al-Arabi schon zur Genüge kennengelernt haben. Das Bindeglied zu dieser Philosophie bilden persische Sufis und Dichter, aber auch Philosophen wie Abd al-Razzaq Kamal al-Din al-Kaschani (gest. 1335), ein persischer Anhänger der Einheitslehre des Ibn al-Arabi, der die ursprüngliche arabische Tugend der Futuwwa, der großzügigen, tapferen und edlen Gesinnung (*dschawanmardi*), für den Sufismus fruchtbar machte; oder Adud al-Din al-Idschi (gest. 1355), ein origineller Erkenntnistheoretiker.

Diese schiitische Philosophie Persiens lebt noch heute und trägt zum geistigen Leben des Landes, zur Mentalitätsgeschichte Irans ganz entscheidend bei. In der Bibliothèque Iranienne, in der vierbändigen Anthologie der iranischen Philosophen und in anderen Publikationen haben iranische und westliche Gelehrte in den vergangenen Jahren und Jahrzehnten Texte dieser Philosophen ediert und kommentiert. Die Tradition dieser »Hikmat« (Weisheit, Sophia) genannten Denkschule beginnt zur Zeit von Schah Abbas dem

Großen, der seit 1587 regiert hatte, und findet ihren letzten großen Vertreter in Mulla Hadi Sabzewari (gest. 1878). Die Kette der Denker, die fast alle voneinander gelernt haben, wenn sie nicht ohnehin miteinander durch Einheirat in die jeweilige Familie verwandt waren, sieht wie folgt aus: Scheich Baha'i (gest. 1622), Mir Damad (gest. 1630), Mir Fandaraski (gest. 1640), Mulla Sadra Schirazi (gest. 1640), Mulla Abd al-Razzaq Lahidschi (gest. 1661), Mulla Muhsin Faiz Kaschani (gest. 1680) und schließlich der weiter oben schon erwähnte Mulla Hadi Sabzewari als größter iranischer Philosoph des 19. Jahrhunderts. Als bedeutendster Repräsentant dieser Schule gilt Mulla Sadra Schirazi, kurz »Mulla Sadra« genannt. Scheich Baha'i, ursprünglich aus der schiitischen Gemeinde des Libanons stammend, ist wohl mehr als Wissenschaftler denn als Philosoph anzusprechen; sein Wirken in Isfahan wirkte jedoch so anregend auf das geistige Leben dort, daß man die »Kette« der Theosophen mit Fug und Recht mit seiner Person beginnen lassen kann.

Es ist nicht einfach, das komplexe, vielerlei Einflüsse der Vorzeit verarbeitende oder zumindest aufgreifende Denken dieser Schule mit wenigen Strichen darzustellen. Die Hikmat ist eine Synthese aus Ansichten Ibn Sinas, al-Suhrawardis, des Sufismus (vor allem eines Ibn al-Arabi), des peripatetischen Denkes und schiitischer Theologie. Allein diese große Anzahl überragender geistiger Strömungen des Orients sorgt dafür, daß die persische Philosophie der »Neuzeit« ein relativ geschlossenes Bild abzugeben scheint. Man muß mit endgültigen Urteilen allerdings vorsichtig sein, da das gesamte Wissensgebiet mehr oder weniger Neuland darstellt. Vor allem gilt das für das Werk Mulla Sadras, das keineswegs vollständig bekannt ist. Die wenigen vorhandenen Einführungen zeigen jedoch, daß das Ausmaß der Abweichungen überschaubar bleibt.

Besonders charakteristisch für diese Denker des Propheten ist ihr Versuch, das diskursive Denken, den Rationalismus, und die mystische Intuition (*schuhud*), die Evidenz der inneren Schau, bruchlos zusammenzufügen. Zwar hatten auch schon frühere Denker im Islam, wie wir gesehen haben, beide Erkenntnisarten und Wege als einander nicht ausschließend betrachtet; doch konnte man noch unterscheiden zwischen den eindeutig die Intuition favorisierenden sufischen Denkern und den die kausale Verknüpfung bevorzugenden »rationalistischen« Philosophen, insbesondere bei den entschiedenen Aristotelikern. Dieser Unterschied scheint nun bei der »Hikmat« beinahe ganz zu entfallen, obschon der Intuition doch ein gewisser Vorrang eingeräumt wird.

Ist das möglich? Kann es so etwas wie diese Intuition überhaupt geben?

Es handelt sich wohl um eine prinzipielle Entscheidung. Wer der Meinung ist, wahre Erkenntnis könne nur durch Sinneswahrnehmungen und ihre der Abstraktion dienende kausal-logische Verknüpfung durch Schließen gewonnen werden, wird gegenüber solchen Ansätzen immer skeptisch eingestellt bleiben. Dies gilt ja auch für ähnliche Erscheinungen in der westlichen Philosophie. Im christlichen Mittelalter wurde der Gegensatz virulent bei dem heiligen Bonaventura und bei Thomas von Aquin. Letzterer bevorzugte das Schließen, das Auf-den-Begriff-Bringen durch kausales und widerspruchsfreies Denken und Schlußfolgern, für das er Großes leistete, während Bonaventura Erkenntnis als innere Schau für möglich, ja für gewisser hielt. Das Problem existiert noch heute, wo der Gegensatz zwischen Intuitionisten (etwa einem Henri Bergson) und logischen Empiristen – um die Extreme zu zitieren – unüberbrückbar ist.

Die Vertreter der iranischen Philosophie, so Mir Damad, von dem alle anderen gelernt haben, stützen ihre Erkenntnistheorie auf die Vorstellung, daß der Mensch das Bindeglied zwischen der empirischen und der intelligiblen Welt sei. Die Ratio gilt als jenes geistige Vermögen, das der empirischen Welt zugewandt und zugeordnet ist, während die Intuition und erkennende Erleuchtung (*schuhud oder ischraq*) der intelligiblen Sphäre angehört. Die Intuition als innere Schau funktioniert, weil der Mensch auch ein Teil jener höheren Welt ist. Die menschliche Seele abstrahiert einerseits die Perzeption aus der materiellen Welt (Sinneswelt), und andererseits empfängt sie die Erleuchtung (*ischraq*) aus der Welt des Unsichtbaren (*ghaib*), wie es ein Autor kurz, aber treffend formuliert hat. Entweder man hält so etwas für realistisch, in Analogie etwa zu Prozessen des künstlerischen Schaffens, oder man muß auf solcherart Intuition verzichten. Es ist auch eine Frage nach dem Verständnis von Philosophie. Betrachtet man die Philosophie als strenge Wissenschaft, so wird man sich allein auf das kausal-logische Schließen als einzige Erkenntnismethode festlegen; sieht man in ihr ein Denken in der Nähe der Kunst (eine Art »Begriffsdichtung«, wie man es genannt hat), so wird man auch ein intuitives Erkennen rechtfertigen.

Für Mir Damad ist, wie er in seinem Hauptwerk, dem »Buch der Geistesblitze« (*Kitab al-qabasat*) darlegt, die geschöpfliche Welt die Manifestation Gottes. Sie ereignet sich analog der sogenannten Sarmad-Sphäre. Das ist ein Begriff, den der persische Denker der altiranischen Tradition entlehnt hat. Darunter versteht man einen Bereich platonischer Archetypen, der in der geschöpflichen Welt wirklich wird. Von al-Suhrawardi erben die Theosophen auch die Vorstellung von »Hurqalija«, einem Zwischenreich zwischen dem ersten Intellekt und der materiellen Welt, Hurqalija oder Barzakh ist nach altiranischer Vorstellung eine Art Purgatorium. Mir Damad wendet sich gegen diese Auffassung und beharrt darauf, daß sich Gott in der Welt ohne Zuhilfenahme dieses Zwischenreiches manifestiert. Spiegelmetaphern und Lichtvergleiche spielen eine große Rolle, um die Art und Weise der göttlichen Manifestation zu veranschaulichen.

Mir Fanadaraski ist vor allem wegen seiner originellen Philosophie der Technik bekannt, wie er sie in seinem Hauptwerk, der *Risala al-sana'ija* oder dem »Traktat über die Techniken«, niedergelegt hat. Damit ist natürlich nicht die moderne Technik gemeint, sondern eine Betrachtung der gesellschaftlich mehr oder weniger wichtigen (bei Mir Fandaraski »notwendigen« oder »akzidentiellen«) Tätigkeiten, von der Prophetie und dem Philosophieren, den beiden wichtigsten »Techniken«, über die Schriftstellerei bis herab zur Schneiderei und Schmiedekunst. Dann folgen nützliche Techniken wie Medizin, Tiermedizin, Landwirtschaft, weniger nützliche wie Jagd, Gerberei, Akrobatik und so weiter. Die Hierarchie der gesellschaftlichen Techniken entspricht der Hierarchie des Seins, die dem neuplatonischen Muster mit seinen Abstufungen folgt. Die Techniken sind Weg und Antrieb des Fortschritts der Menschheit. So können wir Mir Fandaraski als einen vor allem an der Gesellschaft interessierten Denker betrachten.

Das nach Auffassung auch der iranischen Gelehrten unumstrittene Schulhaupt der Theosophen von Isfahan ist freilich Mulla Sadra. Sein Wirken gilt als der Höhepunkt der Safawiden-Philosophie. Er wurde 1571 in Schiras als einziges Kind eines Beamten geboren. Als Jugendlicher kam er nach Isfahan, wo Scheich Baha'i, vor allem jedoch Mir Damad für viele Jahre seine Lehrer in der Philosophie wie in den Wissenschaften wurden. Doch selbst im kunstsinnigen und damals auch recht freigeistigen Isfahan unter Schah Abbas dem Großen und seinen Nachfolgern wurden Philosophen von den Schriftgelehrten wohl als Gefahr empfunden. Auch in der Bevölkerung wurde die Aversion gegen Mulla Sadra schließlich so stark, daß er sich zum Verlassen der Stadt entschloß. Er ließ sich für eineinhalb Jahrzehnte in der Nähe der Stadt Ghom Qum nieder, ehe er in die safawidische Metropole zurückkehrte. Er starb 1640 in der irakischen Stadt Basra auf dem Pilger-Weg nach Mekka. Dort liegt er auch begraben.

Iranische Gelehrte wie Sajjid Hussein Nasr ehren in Mulla Sadra den Begründer einer dritten philosophischen Schule in Iran, nach Ibn Sina, der den Aristotelismus eingeführt habe, und al-Suhrawardi, dem Schöpfer der platonischen Philo-

sophie der Erleuchtung. Mulla Sadra hat beide Schulen vereinigt und durch eigene Gedanken weitergesponnen, in denen auch Ibn al-Arabi sowie schiitische Lehren eine Rolle
spielen. Manche dieser metaphysischen Entwürfe, die Mulla
Sadra als »Erhellungen« bezeichnet, muten relativ modern
an, wobei man freilich nicht der Gefahr erliegen sollte, fal-
sche Aktualisierungen vorzunehmen oder diese Aktualisierungen in einem apologetischen Drang zu weit zu treiben.

Mulla Sadra hat etwa fünfzig, zum Teil umfangreiche
Werke verfaßt. Entscheidend ist jedoch sein *opus magnum* mit
dem Titel »Kitab al-asfar al-arba'a fi al-hikmat al-muta'alija«,
frei übersetzt: »Buch der vier geistigen Reisen, der intellektuellen Exkursionen, zur transzentenden Gotteserkenntnis«. Hinzu kommen die Werke: »Al-mabda wa al-ma'ad«
oder »Über den Anfang und die Rückkehr zu Gott«, in dem
Fragen der Eschatologie behandelt werden, sowie »Alscha-
wa al-id al-rububija«, über die göttlichen Illuminationen.

Man muß es noch einmal hervorheben: Denker wie Mulla
Sadra und viele andere vor ihm begreifen die Erkenntnis
ungleich umfassender als der moderne westliche Mensch.
Erkenntnis ist für sie meistens untrennbar mit der Kontemplation verknüpft, mit dem Streben nach einer Reinigung der
Seele und des Geistes, auf daß er für die reine, unverstellte
Schau (*theoria, schuhud*) der Wahrheit frei werde. Denken
und Erkennen sind weniger nur Tätigkeiten, Betätigungen
des Geistes (oder gar des rechenhaften Intellekts), als vielmehr Lebensformen und Lebensgestaltungen, ein Leben, das
innerlich ganz auf die Wahrheit hin orientiert und organisiert
ist. Am ehesten mögen im Bereich der abendländischen Philosophie vielleicht noch Platon und einige Philosophen des
Mittelalters dieser Lebensform »in der Wahrheit« gerecht
werden. Das Wahrheitsstreben wird nicht als abstraktes Ziel,
als höchstes Leitmotiv und Richtschnur vorgestellt, sondern
unmittelbar mit der Läuterung des Menschen in einem religiös-mystischen Sinne verbunden. Wahrheit wird primär innerlich erfahren.

Diesen Anspruch an die Erkenntnis hat selbstverständlich auch Mulla Sadra, und so sind seine Theorien zu interpretieren. Ein moderner westlicher Sprachphilosoph der analytischen Richtung dürfte somit große Schwierigkeiten haben, in der Philosophie Mulla Sadras (wie anderer metaphysischer Denker auch) mehr zu sehen als sprachliche und begriffliche Willkürlichkeiten und Haarspaltereien, ein Wolkenkuckucksheim der Spekulation. Dies muß vorausgeschickt werden.

Der beste Kenner Mulla Sadras, Sajjed Hussein Nasr, kennzeichnet den Grund der Metaphysik dieses Denkers des Propheten als umfassende »Lehre vom Sein«. Die höchste Erkenntnisart ist die intuitive Erleuchtung, wie die *ischraq*-Schule al-Suhrawardis es gelehrt hat. In ihr zeigt sich die Welt als ein Urgrund des einen und ungeteilten Seins. Nasr hebt sogar auf Heidegger ab, wenn er betont, dreihundert Jahre vor diesem deutschen Denker habe Mulla Sadra »die Frage nach dem Sein« neu gestellt, im Unterschied zu dem bloß Seienden und seinen Vereinzelungen. Heidegger spricht ja von der Seinsvergessenheit der gesamten abendländischen Philosophie seit Platon. Das Sein erscheint Mulla Sadra als die grundlegende Wirklichkeit, die er in der Art der »Einheit des Seins« (*wahdat al-wudschud*) des Ibn al-Arabi beschrieben sieht. Dies macht deutlich, wie sehr das iranische Denken islamischer Provenienz unter dem Einfluß dieses großen Andalusiers steht. Mulla Sadra übernimmt auch die Konzeption der platonischen Ideen, der Archetypen, nach dem Muster Ibn al-Arabis und wendet sich damit gegen den Aristoteliker Ibn Sina. Gleichwohl erscheint auch das aristotelische Begriffspaar von »Stoff und Form«, was zeigt, daß Mulla Sadra wirklich zu einer umfassenden Synthese aller bisher ausgestalteten Traditionen gelangen wollte.

Das interessanteste Element in Mulla Sadras transzendentaler Theosophie (*hikma al-muta'alija*) ist wohl seine Vorstellung von der Trans-substanziellen Bewegung (*al-haraka al-dschauharija*). Sie hat nichts mit der üblichen Vorstellung, daß es in der Welt Bewegungen von Körpern verschiedenster Art gibt, zu tun, sondern ist umfassender gemeint. Es ist keine Bewegung, die physikalisch einfach meßbar wäre, die man den Kategorien des Aristoteles (Ort, Zeit, Größe, Qualität) zuordnen und mathematisch fassen könnte. Nasr beschreibt das, was Mulla Sadra meint, als Mitte zwischen zwei Extremen: Die trans-substanzielle Bewegung bedeutet nicht jene Lehre der Sufis, daß Gott die Welt in jedem Augenblick neu schafft, weil sie in jedem Augenblick vernichtet (*annihilated*) wird, aber auch nicht jenes dynamische Universum, von dem die Darwinisten sprechen. Corbin verwendet für Mulla Sadras Dynamik den Begriff der »Unruhe des Seins« (*l'inquiétude de l'être*). Das Universum ist, modern gesprochen, ein nicht zum Ende kommender Prozeß, der jedoch auch seine tiefste Tiefe umfaßt, nicht nur die Welt der einzelnen kategorialen Erscheinungen. Aus dem Sperma wird ein Fötus, aus dem Fötus ein Kind, aus dem Kind ein Erwachsener in seiner körperlichen und geistigen Reife. Der Körper wird mit dem Alter schwächer, doch der Geist und die Seele werden stärker, bis sie sterben und die metaphysische »Welt des Imaginalen« erreichen; schließlich gelangen sie zur Gegenwart Gottes. Dieses Prinzip der metaphysischen Bewegung und Unruhe nutzt Mulla Sadra auch, um das Prinzip der Schöpfung aus dem Nichts verständlich zu machen. Er verficht die Zeitlichkeit der Welt, im Unterschied zu Ibn Sina und Al-Farabi.

Interessant ist auch, wie Mulla Sadra das Leib-Seele-Problem angeht. Seine Auffassung darüber hängt wohl überwiegend mit dem Konzept der trans-substanziellen Bewegung, der grundlegenden metaphysischen Transformation und Unruhe allen Seins, zusammen, welche die Welt als ungeheuren Prozeß deutet. Der Kernsatz lautet: »Die Seele entsteht als Körperliches und verewigt sich als Geistiges.« Dies ist ein *ungeheuerlicher* Satz für alle jene orthodox-religiösen Geister, die einem krassen platonischen Dualismus huldigen und somit die Seele als das Ganz Andere apostrophieren. Auch Ibn Sina gehört ja zu ihnen. Mulla Sadra läßt keinen Zweifel daran, daß die Seele zusammen mit dem Körper entsteht, sie wird jedoch unsterblich und »spirituell« durch den Geist.

Wie hat man sich das vorzustellen?

Vielleicht so, daß der Geist durch seine unablässige, rastlose Tätigkeit, sofern diese eine höhere ist, die Seele soweit prägt, daß sie im Prozeß der trans-substanziellen Bewegung, obschon körperlich entstanden, einen »dauernden Eigenstand«, eine »dauernde Verwobenheit« mit dem Strom geistiger Tätigkeit entwickelt, die sie nach der Trennung vom Körper behält. Der Charakter dieses Zustands richtet sich nach den Dingen, mit denen sich die Seele kraft des Geistes zeitlebens beschäftigt hat. Von ferne läßt Leibnizens Monaden-Lehre ein wenig grüßen! Auch wieder Spinoza. Man fühlt sich an jenes berühmte Gedicht Goethes erinnert, in dem es heißt:

> »*Kein Wesen kann zu Nichts zerfallen,*
> *Das Ewige regt sich fort in allem,*
> *Am Sein erhalte dich beglückt!* . . .«

Mulla Sadra spricht mit dieser Auffassung von der Seele eine Lehre aus, die wohl auch in der westlichen Philosophie eine Tradition hat, die bis zu Pythagoras, dem Weisen und Mathematiker von Samos, zurückreicht. So schreibt der anthroposophische Mathematiker Ernst Bindel in seiner Studie über diesen antiken Denker: »Nicht von Anfang an – so empfanden die Pythagoreer – hatte die Seele, wie sie in ihnen lebte, den Charakter einer solchen Verstandes- und Gemütsseele. Sie mußte erst durch intensive Bemühungen dazu gemacht werden. Zwar stammte sie aus göttlichen Höhen, hatte sich aber im Laufe der Äonen von ihrem erhabenen Ursprung durch Umkleidung mit einem Leibe (*soma*) mehr und mehr entfernt, so daß dieser zu einem Grab (*sema*), einem Kerker der Seele, geworden war, aus dem es sie zu befreien galt, wenn sie erneut ihrer einstigen Würde teilhaftig werden sollte. Nur durch einen gottgefälligen Lebenswandel mochte es ihr gelingen, dereinst wieder ein körperloses Dasein zu führen...« (Bindel, 1962). Bei den Pythagoreern gehörte zu diesen Techniken der Katharsis auch die unablässige »Beschäftigung des Verstandes mit rein wissenschaftlichen Fragen« (Bindel, ebenda).

Als gläubiger Muslim verficht der persische Philosoph die Auferstehung des Leibes, doch zeigen seine subtilen Erwägungen über die Seele und den Körper den intensiven Versuch, die Sinneserfahrung (hier ist die Seele leicht als mit dem Körper verquickt zu erkennen) mit der Tiefe der Innenschau und der schöpferischen Imagination des Geistes zu verbinden (hier stößt ein grüblerischer Geist bald an die Grenzen eines simplen Reduktionismus). Das Leib-Seele-Problem ist bis heute nicht gelöst. Zwar wird ein strenger Dualismus nur noch selten verfochten, aber auch ein krasser Materialismus hat nicht so viel für sich, wie er glaubt, ganz abgesehen einmal von der Frage, was die Vokabel »Materialismus« heute noch meint. Die Ergebnisse der zeitgenössischen Hirnforschung zeigen nur eines: daß Körper und Seele, Empfindung und Denktätigkeit, in einem Leib miteinander innig verflochten sind, solange der Mensch lebt. Ob man dies metaphysisch oder materialistisch deutet, ist etwas ganz anderes. Vielleicht ist das Problem für uns beschränkte Menschen aus prinzipiellen Gründen unlösbar.

DIE GESCHICHTE DENKEN

Ibn Khaldun und sein »Kreislauf der Kulturen«

Abdul Rahman Ibn Khaldun, geboren zu Tunis im Jahre 1332, gestorben in Kairo im Jahre 1406, wird heute ohne jede Zurückhaltung als »Vater der Soziologie« bezeichnet. Doch so sehr man daran interessiert sein mag, das Denken im Islam auch als Parallel-Phänomen zum westlichen Denken zu begreifen und auf solche Weise eingängiger darzustellen, so sehr muß man Einspruch gegen eine allzu simple Kategorisierung anmelden, wenn sie fragwürdig ist. Sie kann im Falle Ibn Khalduns wohl nur in einem übertragenen Sinne gelten. Richtig an ihr ist, daß Ibn Khaldun der erste und einzige Geschichtsdenker des »mittelalterlichen« Islams im westlichen Sinne gewesen ist, was heißt, daß er über die menschliche Gesellschaft in vornehmlich weltlichen Begriffen und Bezügen nachgedacht hat. Er sah sie nicht als Funktion Gottes oder der Offenbarung, also theologisch, sondern davon abgelöst, abstrahiert. Ist das schon Soziologie?

Die Soziologie westlichen Zuschnitts ist untrennbar mit dem philosophischen Positivismus verknüpft, wie ihn Auguste Comte (1797–1856) entwickelt hat. Und er allein ist auch der Vater der Soziologie, niemand sonst. So wenig die antike Philosophie einen wirklichen Materialismus gekannt hat, so wenig der Islam einen wirklichen Positivismus. Er ist eine durch und durch religiöse Kultur, wovon sich auch ein Ibn Khaldun nicht einfach dispensieren konnte, wenn er es überhaupt wollte. Etwas anderes ist es, Ibn Khaldun als Rationalisten und Empiriker zu betrachten. Als solche gelten aber auch Denker, die jeden Positivismus ausdrücklich ablehnen. Es ist indessen, und so konnte jene Meinung entstehen, erfrischend zu sehen, wie »weltlich« der Geschichtsphilosoph Ibn Khaldun an sein Thema herangeht: an das rationale Verständnis der Geschichte und der Gesellschaft. So kann man ihn mit mehr Recht und um so tieferer Bewunderung als einen einmaligen Vordenker und Vorläufer der modernen Gesellschaftswissenschaft ansehen, sein Werk insgesamt als Präludium künftiger Entwicklungen. Für uns ist er in vorderster Linie Geschichtsphilosoph.

Obwohl sein Hauptwerk im 18. Jahrhundert ins osmanische Türkisch übersetzt worden war, blieb Ibn Khaldun dem Orient wie dem Okzident bis in das vorige Jahrhundert hinein recht unbekannt. Der Denker selbst begriff sich als Historiker. Interessant an seinem »Buch der Beispiele« (*Kitab al-ibar*) ist jedoch vor allem die sogenannte »Muqaddima«, das Vorwort, das vom Umfang her ein Buch für sich ausmacht. Wenn man von Ibn Khaldun spricht, meint man deshalb seine Muqaddima, sonst nichts. Es war der französische Orientalist Etienne Quatremère, ein Schüler des berühmten Sylvestre de Sacy, der den Text der Muqaddima im Jahre 1851 der Welt bekannt machte. Das geschah zu einer Zeit, da man besonders in Frankreich den islamischen Rationalismus zu entdecken begann. Fünf Jahre später folgte Ernest Renan seinem Landsmann Quatremère mit seinen Publikationen über den arabischen Rationalisten Ibn Ruschd, Averroes.

Ibn Khaldun führte ein bewegtes Leben, bei dem er genug Gelegenheit hatte, den Lauf der Welt kennenzulernen. Dabei erwies er sich als genialer Beobachter seiner Kultur. Er hielt sich beileibe nicht nur in seiner Geburtsstadt Tunis auf, sondern auch im maghrebinischen Fes, im maurischen Granada, wo er mit der griechischen und islamischen Philosophie vertraut wurde, sowie in Regionen, die heute zu Algerien gehören. Schließlich verließ er den Maghreb und kam – nach seiner Pilgerfahrt – nach Kairo, wo er als Richter und Rechtsgelehrter wirkte. Dort ist er auch gestorben. Im Schloß Ibn Salama in Westalgerien in der Nähe der Stadt Tlemcen ist Jahre zuvor sein berühmtes Werk entstanden. Die aufregendste Episode in Ibn Khalduns Vita dürften die 35 Tage gewesen sein, die er in der Gefangenschaft des Welteroberers Timur Lenk (gest. 1405) zubringen mußte, nachdem dieser Damaskus erobert hatte. Der Denker hatte sich mehr zufällig in Syrien aufgehalten.

In arabisch-islamischem Gewande werden wir bei Ibn Khaldun Begriffe und Sachverhalte entdecken, die uns aus der eigenen Geschichts-und Kulturphilosophie alles andere als fremd sind: Aufstieg und Fall der Kulturen, Dekadenz, Geschichtszyklen und vieles andere mehr. Der Name Edward Gibbons (1737–1794), des klassischen Beschreibers der römischen Verfalls-Geschichte, fällt einem ein. Wollte man Ibn Khaldun mit westlichen Denkern vergleichen, kämen zuallererst Thomas Hobbes (1588–1679), dann vielleicht Oswald Spengler (1880–1936) und Arnold Toynbee (1889–1975) in Frage.

Ibn Khaldun fragt rational nach dem Gesetz oder den Prinzipien, denen die Kulturen im wirr und rätselhaft erscheinenden Lauf der Geschichte gehorchen. Zwar spielt die Religion bei der Konstituierung der Gesellschaft eine wichtige Rolle, aber Gott wird von Ibn Khaldun nicht als das die Geschichte erklärende Prinzip herangezogen, wie sich das die Frommen aller Zeiten vorgestellt haben. Er sucht vielmehr nach »natürlichen« Gesetzen der historischen Abläufe, welche die Geschichte konstituieren.

Die Geschichte seiner engeren Heimat, des islamischen Andalusiens und des Maghribs, bot dem Denker hinreichend Stoff für seine systematischen Beobachtungen und emprischen Untersuchungen. Dort hatte man seit Jahrhunderten Aufstieg und Niedergang vieler Dynastien und Herrscherhäuser zu verzeichnen: der Aghlabiden, der Hafsiden, der Abdalwadiden, der Almoraviden, der Almohaden, der Fatimiden und so weiter. Nicht anders hatten sich die Dynastien im islamischen Osten wechselseitig abgelöst. Ibn Khalduns Familie, ursprünglich wohl aus dem Hadramaut in Südarabien stammend und damit arabischer, nicht berberischer

Abkunft, hatte seit dem 9. Jahrhundert eine Zeitlang in Sevilla gelebt, wo sie den Höhepunkt und Niedergang der maurischen Omajjaden sowie die Zeit der politischen Wirren und der territorialen Zersplitterung des muslimischen Spaniens unter den Kleinfürstentümern der »reyes de taifas« (*muluk al-tawa'if*) miterleben konnte. Dies war lebendiges Anschauungsmaterial gewesen. »Es ist kaum zweifelhaft, daß den Anstoß zur Erforschung der Gesetzmäßigkeiten der gesellschaftlichen Entwicklung das politische Interesse und die staatsmännische Erfahrung Ibn Khalduns gegeben haben. Die Situation Nordafrikas in seiner Zersplitterung und in seinen dauernden Umwälzungen, der drohende Zusammenbruch der sarazenischen Macht haben ihren Niederschlag in Ibn Khalduns Theorien gefunden...« schreibt Heinrich Simon, einer des besten Kenner dieses Propheten-Denkers. Denn Ibn Khaldun sammelte als Politiker auch praktische Erfahrung an Fürstenhöfen.

Wie erklärte sich dieses Auf und Ab? Hatte Gott die Hand im Spiel? Ibn Khaldun entdeckte einen tiefen Gegensatz in der Kultur seiner Heimat. Es war der Antagonismus zwischen den Nomaden und den Seßhaften, den Beduinen der Wüste (*ahl al-badw*) und den Städtern (*ahl al-hadar*). Dieser Antagonismus existierte seit unvordenklichen Zeiten und bestimmte nach Ibn Khalduns sich immer mehr verfestigender Meinung den Ablauf der Geschichte. Er war sozusagen ihr interner Rhythmus. Wüste und Fruchtland als Stimulans und Schicksal der »Völker« (modern gesprochen) und ihrer Entwicklung. Ibn Khaldun entwickelt eine Wissenschaft, die man mit seiner Terminologie als Wissenschaft von der Entstehung, dem Werden und Vergehen der Zivilisation oder Kultur bezeichnen kann. Bei dem Denker heißt sie »Ilm al-umran«. Eine Kultur hat der Mensch, weil er ein geselliges (*idschtima'i*) Wesen ist, ganz im Sinne des Aristoteles (»*physei zoon politikon*«, wie die berühmte Formulierung lautet: Der Mensch ist seiner Natur nach ein geselliges Wesen). Vergesellschaftung (*idschtima'*) gehört zum Wesen der Kultur.

Thomas Hobbes kommt dann in einer arabischen Gestalt und Verkleidung ins Spiel, wenn Ibn Khaldun darlegt, daß die Kultur/Zivilisation schon deshalb als Vergesellschaftung auftritt, weil sich der einzelne, auf sich alleine gestellt, nicht effektiv genug verteidigen kann, er bedarf der Hilfe anderer, denn die Menschen sind von Natur aus auch nicht harmlos, sondern einander feind. Das gehört zu ihrer animalischen Natur. Der Mensch kann sich jedoch auch nicht alleine ernähren, sondern ist auch hier von anderen, den Produzenten und Verkäufern, abhängig. So zählt Ibn Khaldun der Reihe nach die Parameter auf, die dazu führen, daß sich Gesellschaft als Staat entfaltet, wobei den wirtschaftlichen Bedürfnissen und Strukturen große Bedeutung beigemessen wird. Der Staat und die Herrschaft haben aber nichts mit einer theokratischen Despotie zu tun, die etwa durch Gott auf irgendeine Weise »gesetzt« wäre, sondern sie sind für die Gesellschaft das, was nach der Auffassung des Aristoteles die Wesensform für die Materie ist, die Form für den Stoff.

Doch was hält eine als Gesellschaft organisierte Kultur/Zivilisation und den Staat zusammen?

Hier begegnen wir einem Schlüsselbegriff dieses Denkers, der nicht leicht zu übersetzen ist. Er heißt auf Arabisch »al-asabijja«. McGuckin De Slane und andere europäische Gelehrte übersetzten ihn, dem jeweiligen eigenen Zeitgeist folgend, zunächst mit *esprit de corps*, Korpsgeist, oder »Nationalitätsidee« – Begriffe, die sich alle letztlich als untauglich und schief erwiesen haben. Auch der virtù-Begriff der europäischen Renaissance-Philosophen wurde zur Verdeutlichung dessen, was gemeint ist, herangezogen. Wahrscheinlich gibt es gar kein treffendes Wort in einer westlichen Sprache, das geeignet wäre, den Sinn von *asabijja* kurzgefaßt, aber allumfassend wiederzugeben. Bewußtsein der Zusammengehörigkeit, kollektive Tugend, gemeinsames Kulturbewußtsein wären andere Versuche, den *asabijja*-Begriff zu fassen. Wollte man ihn umschreiben, so könnte man sagen: Die *asabijja* ist die innere, unsichtbare Kraft einer Gemeinschaft, die ihren Zusammenhalt verbürgt und sie zu gemeinsamen Zielen vorantreibt. Sie ist ganz offenkundig etwas Kollektives – eine Art gesellschaftliches Universale –, das freilich konkret nur im Geist und in der Seele der einzelnen Glieder der jeweiligen Gemeinschaft existiert, als Relationen jedoch eine wirksame gesellschaftliche Existenz hat.

Die Sache selbst stammt aus dem altarabischen Beduinen-Milieu. Der Stamm wird durch seine jeweilige *asabijja* zusammengehalten, durch ein Bewußtsein des Stammes oder auch des Clans von sich selbst, dem letztlich alle zu folgen haben. Ausdruck wie Bestandteil der *asabijja* ist auch der Verhaltenskodex eines Stammes, die Ehre, die Ideale der Tapferkeit und Männlichkeit (*al-muruwwa*). Gehen diese Tugenden und Bindungen verloren, geht der Stamm über kurz oder lang zugrunde. Seine inneren Abwehrkräfte sind erstorben. Die Religion kann die *asabijja* verstärken und – wohl durch ihren Universalismus – insbesondere dazu beitragen, daß Reiche unterschiedlicher Größe und Dauer gebildet werden. Sie ist Bestandteil der *asabijja* oder kann es werden; die *asabijja* selbst ist aber etwas Eigenständiges.

Ibn Khaldun entwickelt nun die Vorstellung eines Kreislaufs der Kulturen/Zivilisationen, eines zyklischen Geschichtsablaufs, indem er den Antagonismus von Nomaden und Städtern mit dem *asabijja*-Begriff verknüpft. Es ist eine wissenschaftliche Synthese dessen, was er beobachtet hat. Nomaden, getragen von einer besonders starken, weil frischen *asabijja* und auf natürliche Weise Antipoden der Stadtkultur, erobern eine Herrschaft und setzen sich an die Stelle der vorigen Machthaber. Sie regieren mit frischem Wind eine neugeborene Kultur/Zivilisation, bis ihre *asabijja* erlahmt und am Ende soweit erlischt, daß ihre Herrschaft das Opfer frischer Kräfte aus der Wüste oder Steppe wird. Ibn Khaldun setzt ungefähr drei bis sechs Generationen für einen solchen Ablauf an. Die erste Generation ist die der Eroberer und Erbauer, die zweite gestaltet den Höhepunkt ihrer Herrschaft aus, die dritte und letzte muß schon den Niedergang und Untergang erleben. Ein Zyklus dauert somit ungefähr hundert Jahre, im Falle von sechs Generationen natürlich entsprechend länger.

Wodurch aber wird nun die *asabijja* so geschwächt, daß der Niedergang sogar mächtige Reiche nicht verschont?

Als wichtigsten Punkt führt Ibn Khaldun das Wohlleben an. Der erarbeitete oder sonstwie (zum Beispiel durch Eroberung) gewonnene Reichtum wird – wir vereinfachen ein wenig – zunächst genossen, schlägt aber in jenen Generationen, die ihn nicht durch ihre *asabijja* erarbeitet haben, alsbald in Luxus und Schwelgerei um. Diese bereiten der Dekadenz den Weg, indem sie auch die *asabijja* als eine tugendhafte, letztlich im Geistigen und Sittlichen wurzelnde Haltung immer mehr untergraben. Ist die *asabijja* erst einmal zerstört, folgt alles andere nach.

Die Geschichte des Maghrib und Andalusiens bot, wie gesagt, dem Denker reichliches Anschauungsmaterial für seine Theorien. Tatsächlich kann man sich des Eindrucks nicht erwehren, daß Ibn Khaldun den Ablauf der Geschichte zu seiner Zeit und in seiner Region in vielem richtig erkannt hat. Analogien zur modernen Zeit können aber durchaus hergestellt werden, auch wenn Gesellschaften nicht mehr vom Nomadentum abhängig sind, sondern höchst ausdifferenziert und komplex. *Asabijja* heißt heute oft »Identität«, »Wir-Gefühl« und anderes mehr. Ibn Khalduns rational-weltliches Geschichtsdenken bleibt auch außerhalb der islamischen Welt aktuell. Der Mensch ist Subjekt der Geschichte, er macht Geschichte, wenn auch nicht im leeren Raum, sondern auf dem Hintergrund von Voraussetzungen, welche die Natur (und auch seine Natur) ihm vorgibt. Deshalb ist auch der Versuch sinnvoll, die Geschichte nicht länger als Textur allein des Göttlichen, als Schicksal, zu lesen, sondern rational zu erfassen. Andererseits verfällt Ibn Khaldun – was seine Bedeutung nur noch größer macht – keinem hundertprozentigen Geschichtsdeterminismus, wie er für viele Geschichtsphilosophen der Moderne, allen voran die Marxisten, charakteristisch gewesen ist und von all jenen vorausgesetzt wird, die an eherne, unabänderliche Geschichtsgesetze glauben. Bei Lichte betrachtet sind es Analogien, analoge Wiederholungen, die Ibn Khaldun empirisch festmachen zu können glaubt. Man hat davon gesprochen, sein Zivilisationsmodell trage biologistische Züge. Wenn man dies in der richtigen Weise interpretiert – als Abhängigkeit von und Verwobenheit aller menschlichen Handlungen mit außermenschlichen, natürlichen Vorgängen des Lebendigen, ist dagegen nichts zu sagen. Möglicherweise ist dies die einzige Methode, jenseits des Chaotischen und Fragmentarischen überhaupt etwas periodisch Zutreffendes über die Geschichte zu sagen, das nicht im nächsten Moment schon widerlegt werden könnte. Der Gebrauch von Analogien ist zur Beurteilung der Geschichte jedenfalls sinnvoller als das Beharren auf starren Gesetzen nach dem Muster moderner Geschichts-Ideologien; im anderen Fall muß man sich eben für das Chaos entscheiden und alle geschriebene oder gar gedeutete Geschichte als »Sinngebung des Sinnlosen« (Theodor Lessing, 1872–1933) abqualifizieren.

Machen wir einmal ein Gedanken-Experiment: Ibn Khaldun lebte in einer Zeit, da die Dynastie der Osmanen ihren Aufstieg erlebte, ohne daß er wissen konnte, daß dieser Aufstieg auf den Scheitelpunkt einer Weltmacht führen würde. Als der Denker in Kairo starb, erlebten die Osmanen gerade eine tiefe Krise, übrigens ziemlich genau hundert Jahre nach der Begründung ihrer Dynastie durch Osman Ghazi. Insgesamt dauerte ihre Herrschaft vom Jahre 1300 bis 1922, also ein wenig mehr als sechshundert Jahre. Tatsächlich können das 14. und 15. Jahrhundert als Periode des Aufstiegs, das 16. und 17. Jahrhundert als Klimax und das 18. und 19. Jahrhundert als die Epoche des unaufhaltsamen Zerfalls des Osmanischen Reiches angesehen werden. Unter Mustafa II., einem im allgemeinen wenig bekannten und deshalb oft unterschätzten Sultan, erlebte das Reich für kurze Zeit seine größte Ausdehnung.

Begonnen hatten die Osmanen als Nomadenstamm unter Ertugrul, der den kleinasiatischen Seldschuken Vasallen-Dienste geleistet hatte und deswegen mit einem Weidegebiet im Nordwesten Kleinasiens belehnt worden war. Als *ghazi* oder Glaubenskrieger an der Grenze führte ihr Herrscher den Krieg gegen die Byzantiner. Es war selbstverständlich, daß Osman und die nachfolgenden Herrscher der Osmanen persönlich die Truppen anführten, die zudem von einem unbändigen Siegeswillen getragen waren. Ibn Khaldun würde hier wohl die typische *asabijja* der Nomaden am Werke sehen. In der Phase des unaufhaltsamen Aufstieges und auch in der ersten Hälfte der Weltherrschaft standen ausnahmslos alle Sultane an der Spitze ihrer Heere. Dies änderte sich zunächst unmerklich am Ende des sechzehnten Jahrhunderts, bis schließlich keiner der Herrscher mehr bereit war, die harten Bedingungen der Feldlager gegen das Wohlleben im *serail* auszutauschen. Die letzten der insgesamt 36 Osmanen-Herrscher hatten charakterlich mit jenen tapferen bis wagemutigen Haudegen der ersten Phase nichts mehr gemein. Sie waren müde Geschöpfe des Harems, die sich nur noch gelegentlich zu energischem Handeln durchringen konnten. Da freilich die *asabijja* das Kollektiv meint, wird man diese Prozesse einer allgemeinen Erschlaffung auch im Heereswesen (Niedergang der Janitscharen) und vielen anderen Bereichen der osmanischen Öffentlichkeit, Politik, Wirtschaft und Kultur ausmachen können. Als – mit Ibn Khaldun gesprochen – die *asabijja* der Osmanen am Ende war, nannte man sie den »kranken Mann am Bosporus«. Alle äußeren Anstrengungen konnten das Ende dieses einst mächtigen Reiches nicht aufhalten.

Man soll diese Analogien nicht zu weit treiben und auch nicht zu unkritisch sehen. Sie zeigen aber, wie man mit den Termini Ibn Khalduns noch heute durchaus sinnvoll umgehen kann. Es ist eine äußerst anregende Geschichtsphilosophie, die der am Ende vereinsamte Gelehrte der Menschheit angeboten hat. Jeder mag selbst einmal versuchen, zumindest im Orient die Geschichte irgendeiner der vielen Dynastien nachzuzeichnen, auf dem Hintergrund von Ibn Khalduns Wissenschaft von der Zivilisation und der *asabijja*.

VORLÄUFIGE NACHSCHRIFT

Zeitgenössische Zugänge zur Philosophie im Islam

Am Ende unserer kleinen Reise durch das weite Land der Philosophie im Islam wollen wir zusammenfassen, was unsere im ganzen summarische Betrachtung über die Denker des Propheten in einem allgemeinen, mehr systematischen Sinne zum Ausdruck bringen kann. Was kann sie uns lehren, zu welchem *fabula docet* hinleiten? Insbesondere die Frage, was dies alles für den zeitgenössischen Islam und seine Fortentwicklung noch bedeuten könnte, muß nun am Ende im Zentrum unserer Erörterungen stehen. Könnte sich der Islam aus dem Geist seiner Philosophen heraus wirklich erneuern und auf die beste Weise zeitgenössisch werden?

Wir setzen an mit al-Ghazali und Ibn Ruschd, den beiden Antipoden. Das mag manchen überraschen. Doch was könnte sich schöpferischer erweisen als die Gegensätze, die sich bekanntlich anziehen? Das gilt wohl auch in der Philosophie.

Al-Ghazali ist für uns ein Kronzeuge dafür, daß der freie *theologische* Diskurs der Vernunft im Islam möglich ist. Wir haben gesehen, daß al-Ghazali nur jene Skeptiker ablehnt, die grundsätzlich daran zweifeln, daß es der Prophet ehrlich meine und daß der Koran prinzipiell die Wahrheit enthalte. Damit kann man schon recht weit kommen, viel weiter jedenfalls, als die heutige Erstarrung des Islams unter »fundamentalistischen« Vorzeichen ahnen läßt. Auch moderne christliche Dissidenten, die – anders als die Muslime – mit radikaler Bibelkritik aufgewachsen sind und zudem mit ihrer Kirche oder mit der akademischen Theologie häufig auf dem Kriegsfuß stehen, halten ja gleichwohl daran fest, daß die

Bibel wahre und beherzigenswerte Sachverhalte über die christliche Religion, über Gott und den Glauben enthalte. Al-Ghazali lehnt es, wie wir gesehen haben, ab, jede abweichende Meinung schon als Ketzerei und unstatthafte Neuerung abzutun, solange sie nur entschieden zu einem besseren Verständnis der im Grundsätzlichen nicht anzuzweifelnden Wahrheit der Religion führen will. So möchte man den heutigen, von unfruchtbarem, oftmals geisttötendem Betonkopf-Denken bedrohten Muslimen zurufen: Lest al-Ghazali! Dies gilt allerdings allein für die Theologie, wo al-Ghazali gegen einen unfruchtbaren Fundamentalismus ankämpft und dazu die Religion des Herzens propagiert.

Freilich: Als ein Liberaler im modernen Sinne kann al-Ghazali niemals aufgefaßt werden. Bei ihm ist allenfalls ein begrenzter religiöser Pluralismus zu haben, das heißt eine relativ offene Gesinnung innerhalb eines religiösen Diskurses, nicht aber ein wirklicher Liberalismus, der Elemente von Verweltlichung voraussetzt und zu einem generellen, auch nicht-religiöse Einstellungen umfassenden weltanschaulichen Pluralimus in der Gesellschaft führt. Dieses Denken ist bis heute in der islamischen Welt allenfalls bei einzelnen Persönlichkeiten vorhanden, aber institutionalisiert ist es nirgendwo, weder in Verfassungen noch im öffentlichen oder gar im akademischen Leben. Es sind in der Tat Ideen, die im Westen während der Aufklärung aufgekommen sind und auch dort in einem wenigstens zwei bis drei Jahrhunderte umfassenden Prozeß Fuß fassen mußten. Islamische Denker, die ihnen folgen, leben heute meistens im euro-amerikanischen Exil oder sind zum Schweigen verurteilt. Manche leben gar nicht mehr, da man sie für ihren »Abfall vom Glauben« mit dem Tod bestrafte. Wir denken an Faradsch Foda, der in Kairo seinen Häschern zum Opfer fiel, und andere. Über diese Exil-Denker, von denen manche auch in einem inneren Exil leben, bleibt anschließend noch etwas zu sagen.

Eine Öffnung hin zur pluralistischen Moderne wird der Islam nur leisten können, wenn er sich den Traditionen und

Strängen seiner eigenen rationalistischen Überlieferung auch auf dem Feld der Philosophie stellt und diese in den Diskurs miteinbezieht, etwa nach dem Vorbild des Ibn Ruschd, der ja bewußt ein Muslim bleiben und sein wollte. Die westlichen Einflüsse hat der Islam in den vergangenen Jahren unter Berufung auf sein Recht, die eigene Identität zu wahren, zu großen Teilen wieder zurückgewiesen. Ob dies für die Entwicklung des Islams positiv gewesen ist oder nicht, soll hier nicht erörtert werden; es ist zudem Sache der Muslime. Doch auch die streng-orthodox gesinnten Muslime können nicht leugnen, daß die in diesem Werk vorgestellten Geister ihrer eigenen, der autochthon islamischen Kultur angehörten. Da kann ja wohl von Fremdbestimmung durch den Westen keine Rede mehr sein.

Etwas anderes ist die Furcht: Die Vorstellung, der Rationalismus – etwa nach Art eines Ibn Ruschd – werde am Ende die Religion zersetzen und zerstören, ist angesichts mancher negativen Auswirkungen von Aufklärung und auch angesichts der Probleme, die eine Versöhnung von Glauben und Wissen, von Religion und Philosophie prinzipiell dem Denken ohne Frage stellt, menschlich durchaus zu verstehen. Bekannt ist ja Schopenhauers aufreizendes Diktum, daß es nur Philosophie oder eben Religion gebe, aber zum Beispiel keine Religionsphilosophie. Wer eine Religion habe, benötige keine Philosophie, wer hingegen Philosoph sei, brauche keinen Glauben. Zwar gehe er ungetröstet, aber frei.

Die Frage ist indes, welche Form der Religion möglicherweise durch die Gedankenfreiheit, durch den Pluralismus und den Rationalismus bedroht ist – gibt es doch geschlossene Formen des Religiösen, um die es gewiß nicht schade ist. Seit Henri Bergson unterscheiden wir zwischen statischer und dynamischer, geschlossener und offener Religion. Die heute auf allem Geistesleben des Orients so schwer lastende Orthodoxie wird die islamische Kultur nicht zu innovativer Kraft erwecken. Eine aktualisierte Wieder-Aneignung des philosophischen Erbes hingegen wäre dazu jedoch, wie wir glauben, imstande.

Es gehört zu den unerschütterlichen Überzeugungen des Autors, daß in der Zukunft auch die religiöse Ausdeutung der Welt, recht verstanden, als eine Heiligung alles Existierenden ein Teil jenes Projektes, die Welt zu verstehen, bleiben wird. Davon zeugt schon die Krise des Positivismus. So wenig es eine gänzlich glaubenslose Wissenschaft gibt (der methodische Atheismus der Wissenschaft ist etwas ganz anderes, davon Verschiedenes), so wenig existiert, nimmt man die Hochreligionen und ihre historische Entfaltung zum Maßstab, ein gänzlich vernunftloser Glaube. Die Alternative – hier religiöser Irrationalismus, dort areligiöser Rationalismus – ist einfach falsch. Prominente Denker haben dies auch im 20. Jahrhundert immer wieder bestätigt. Wäre diese Alternative stimmig, hätte weder ein Einstein noch ein Whitehead sich noch um die Religion einen Deut zu scheren brauchen. Es ist eben so, daß auch der Atheismus oder der Positivismus seine »schrecklichen Vereinfacher« hat, nicht nur die Religion. Sogar die in Sachen Religion skeptische, ihr gegenüber oft geradezu gallig-ablehnende Philosophie Schopenhauers, jenes grandiose Lebens-Epos von der »Welt als Wille und Vorstellung«, kann ja – entgegen der Meinung seines Autors – als eine gigantische Religionsphilosophie aufgefaßt werden, freilich ganz und gar unorthodox, kirchenfern. Doch wer wie Schopenhauer sagt, daß zum Beispiel die altehrwürdigen indischen Upanischaden der Trost seines Lebens gewesen seien, und daß sie dereinst auch der Trost seines Sterbens sein würden, kann nicht wirklich als areligiöser Philosoph gelten. Hinzu kommt, daß der Mensch nicht nur ein Wesen ist, das verstehen will, sondern auch werten. Dazu sind wir gewissermaßen verdammt. Das große, schwierig zu erkundende Reich der Werte gehört wohl auch und mit ebensolchem Recht der Philosophie an; es zeigt sich jedoch immer mehr, daß eine Moral ohne Transzendenz-Bezug zwar möglich, also denkbar und auch einsichtig begründbar ist, aber insgesamt doch wenig verbindlich bleibt. Ethik scheint um so wirksamer zu sein, je mehr sie auch geglaubt wird, nicht nur verstanden. Philosophie und Religion müssen und können sich hier fruchtbar ergänzen.

Wollen wir die Philosophie im Islam unter systematischen Gesichtspunkten betrachten, so können wir feststellen, daß sie – gleich der indischen – im großen und ganzen all jene Fragen aufgeworfen und Probleme behandelt hat, die auch in der mehr als zweitausendjährigen Geschichte der westlichen Philosophie und Metaphysik eine zentrale Rolle spielten. Im einzelnen kann man die wichtigsten Punkte der Diskussion vielleicht in folgender Weise zusammenfassen:

1. Erkenntnistheorie. Islamische Denker bewegen sich hier zwischen Rationalismus und Illuminismus. Sowohl dem Denken als auch dem innerlichen Schauen ist ein Zugang zur transsubjektiven Welt im Sinne eines metaphysischen Realismus möglich. Doch auch skeptische Ansätze erscheinen, bei al-Ghazali, bei vielen Sufis (bezogen auf die Erkenntnis, nicht auf die innere Erfahrung) und bei Einzelgängern wie dem Mathematiker, Astronomen und Dichter Omar Chajjam oder bei Poeten wie Abul Ala al-Maarri, der seinerseits den persischen Skeptiker Chajjam beeinflußte. Der Einfluß des Illuminismus wird im Verlaufe des Denkweges der islamischen Philosophen immer einflußreicher, bis er bei Ibn al-Arabi und seinen iranischen Schülern alles überragt.

2. Ursprung der Welt. Die Philosophen diskutieren die These von der *creatio ex nihilo*. Viel Anklang findet die Theorie der Schöpfung als ewige Emanation, des schöpferischen Überfließens (*faid*) aus der Gottheit. Diesen Philosophen gilt die Welt als ewig, genau genommen als ewige und ständige Schöpfung durch Emanation aus dem Einen. Bei al-Razi gibt es eine ewige Materie, die freilich durch Gott noch aktualisiert werden muß. In der islamischen Gnosis erscheint die Schöpfung als Theophanie, als materielles Sichtbar-Werden

und Sich-Zeigen Gottes (*tadschalli*) im Gewand der Schöpfung. Dabei ist Gott logisch früher als seine Schöpfung. Eine andere Vorstellung ist die von der Spiegelung. Das Universum spiegelt Gott materiell in allen seinen Erscheinungen. Die Vorstellung von der allmählichen Ausfaltung Gottes in seiner sich immer mehr ausdifferenzierenden Schöpfung bietet viele wichtige Anknüpfungspunkte an moderne Evolutionslehren.

3. Seinscharakter der Dinge, Ontologie. Auf diesem Feld bewegen sich die Denker im Islam zwischen Atomismus und Hylemorphismus. Der Einfluß des Aristoteles fördert letzteren, etwa bei al-Farabi und Ibn Sina, doch bleibt der Atomismus bei den allermeisten Theologen vorherrschend, zum Beispiel auch bei al-Ghazali. Atomisten waren auch schon etliche der Mu'taziliten und der frühen Mutakallimun gewesen. Durch die moderne Teilchenphysik, unter deren Händen sich der »Urstoff« mehr und mehr schattenhaft verflüchtigt, sind viele klassische Materialismus-Konzeptionen ohnehin fragwürdig geworden.

4. Handeln des Menschen in der Welt, Ethik. Mehrheitlich setzt sich die Auffassung durch, daß der Mensch moralisch verantwortlich handeln könne und somit für seine Taten auch verantwortlich sei. Die Freiheit ist allerdings nicht demiurgisch, sondern dadurch eingeschränkt, daß Gott als Meister oder Ursprung der Dinge alle Seienden präformiert. Weitgehend durchgesetzt hat sich al-Asch'aris Vorstellung vom *iktisab*, der Möglichkeit des Ergreifens und Erwerbens (*kasb*) verschiedener Handlungskomplexe. »Schicksalsgläubigkeit« im populären Sinne eines »Kismet« ist kein unhinterfragtes, durchgängiges, »ehernes« Motiv des islamischen Geisteslebens, sondern allenfalls Teil einer theologischen und philosophischen Debatte, ob und inwieweit der Mensch frei sei. Neben Verfechtern einer strengen Prädestination stehen andere Konzepte.

5. Das Verhältnis von Glauben und Wissen. Die meisten Philosophen halten die wichtigsten Glaubenswahrheiten für beweisbar, vor allem die Existenz Gottes. Ibn Ruschd vertritt, wenn auch nicht allein, offenbar eine Idee, die das Mißverständnis von der »doppelten Wahrheit« aufkommen ließ. Für ihn, wie auch für Ibn Sina und manche Mystiker, enthält die Sprache der Religion jene Wahrheiten, welche die Philosophie rational erkennt, in verhüllter, bildhafter, exoterischer Form. Dies dient der »Fassungskraft der Menge«. Der Philosoph expliziert sie dann in abstrakte Begrifflichkeit. Bei Ibn Tufail beginnt die Erkenntnis mit der Sinneswahrnehmung, setzt sich fort über das rationale Erkennen der natürlichen Gesetze und der metaphysischen Wahrheiten und mündet in die intuitive Schau Gottes. Er ist vielleicht der »rundeste« Vertreter einer Religionsphilosophie, die mit dem Naturalismus und Sensualismus beginnt und bei der Mystik endet.

6. Eschatologie. Dies meint hauptsächlich das Problem der im Koran verheißenen Auferstehung der Leiber und des Weltgerichts am Jüngsten Tag (*jaum al-din*). Diese Endzeit-Visionen werden im allgemeinen durch den Glauben für wahr gehalten (*sola fide tenetur*), wenn sich manche Philosophen auch um eine rationale Annäherung an sie bemühen. Dies geschieht entweder im Zusammenhang mit Spekulationen über Zeitlichkeit und Ewigkeit der Welt oder über die Subsistenz des Geistes/derSeele, wie bei al-Kindi oder Ibn Sina. Revolutionär ist die Vorstellung Mulla Sadras, die Seele entstehe materiell, erwerbe dann durch fortwährende geistige Betätigung einen Anteil an der Unsterblichkeit. Fast kantisch mutet die Auffassung des Ibn Ruschd an, der Glaube an die Auferstehung der Leiber sei um der Moral willen notwendig. Nur durch ihn, nicht durch natürliche Religion allein (heute müßte man wohl sagen: durch eine rein innerweltliche Moral-Begründung pragmatischer oder utilitaristischer Art) könne die für Staat und Gesellschaft

unentbehrliche Sittlichkeit verbindlich gesichert werden. Für Ibn Ruschd ist dies gewiß auch ein politisches Argument.

7. Politisches Denken. Dieser Zweig der philosophischen Betrachtung ist, verglichen mit den anderen Gebieten, relativ schwach entwickelt. Theologen und Sakraljuristen haben sich jedoch ebenso damit beschäftigt wie die Philosophen. Während die Theologen allmählich das Konzept eines religiösen, von der *scharia* dominierten Staates entwickeln, haben die Philosophen im Islam, die sich dafür interessierten, auf der »Suche nach dem wahren Imam« (Bassam Tibi) und der von ihm geleiteten Gesellschaft im Anschluß an Aristoteles oder Platon der Vernunft den Vorzug gegeben und die Idee eines Philosphen-Imams, in Analogie zu Platons Philosophen-Regenten, kreiert. Vor allem gilt dies für al-Farabi.

Was bleibt nun an Schätzen zu heben für jene Muslime, die an die Denker des Propheten anknüpfen wollen? So wenig es möglich ist, die christliche Scholastik in ihrer Gesamtheit oder etwa die stoische Philosophie insgesamt zu aktualisieren, so wenig kann das wohl mit den Denkern des Propheten geschehen. Das mittelalterliche Weltbild, dem auch sie verpflichtet sind, ist unheilbar zerbrochen, mögen manche Muslime dem auch nachtrauern. Geblieben sind die zahlreichen, einzelnen Fragen, die von den *falasifa* in einem islamischen Kontext behandelt wurden, und die wir knapp zusammengefaßt haben. Es sind Fragen, die jeden denkenden Menschen beschäftigen. Daher die teilweise große Übereinstimmung mit Traditionen des westlichen Denkens. Philosophie, zumal wenn sie auch die Religion in ihren Erkenntnis-Horizont einbezieht, ist heute ohne festen Bezug auf die Erfahrungswissenschaften nicht mehr denkbar. Genau dieses ist jedoch einer der Pluspunkte der Philosophie im Islam. Wir haben die enge Verbindung der Denker mit der Medizin gesehen, aber auch mit anderen Disziplinen der Naturerkenntnis.

Der relativ große Naturalismus vieler dieser Denker ist etwas, woran heute angeknüpft werden könnte. Ich möchte diesen Strang des Philosophierens im Islam den im weitesten Sinne *naturphilosophischen* nennen. Ich ordne ihm zu: al-Razi, die Lauteren Brüder von Basra, teilweise Ibn Sina und auch al-Farabi. Dazu al-Biruni, der aber mehr Naturwissenschaftler denn Philosoph gewesen ist. Eine interessante Naturphilosophie mit großer Nähe zur Evolutionslehre, freilich durch Mystik überwölbt, ist auch enthalten in den Lehren der anatolischen Aleviten-Bektaschiten.

Besonders stark scheint mir im innersten Kern des Islams das *ganzheitliche* Denken ausgeprägt zu sein, wohl angeregt durch das Dogma vom Tauhid, der göttlichen Einheit. Als ganzheitliche Denker möchte ich bezeichnen: Ibn Sina, Ibn Tufail, Ibn al-Arabi und die gesamte, sich auf ihn beziehende Tradition der philosophischen, bisweilen als »pantheistisch« oder »monistisch« verleumdeten Mystik. Also auch die persischen Nachfolger des Ibn al-Arabi. Alle Denker dieser Richtung können auch als Religionsphilosophen angesehen werden. Auch al-Ghazali hat am Ende nach vielen Zweifeln und geistigen Krisen zu einer ganzheitlichen Schau von Welt und Mensch gefunden, in der sich Ratio und Glaube in der Religion des Herzens wechselseitig ergänzen.

Für einen wichtigen Strang *kritischen* Denkens mögen stehen: al-Ghazali in seiner skeptischen Periode, Ibn Ruschd sowie die anderen maghrebinischen Peripatetiker und natürlich auch der gegenüber der Offenbarung indifferent, wenn nicht feindselig eingestellte al-Razi. Unter den Dichter-Philosophen Persiens wie Arabiens gibt es gleichfalls manchen Skeptiker. Man denke an Omar Chajjam oder an seinen »Vorgänger« Abul Ala al-Maarri, jenen blinden arabischen Poeten, der vor tausend Jahren in Syrien lebte und einer metaphysischen Skepsis huldigte. Hier ist das wohl ewige Problem von Glauben und Wissen gesetzt, um das sich weder das Wissen noch der Glaube herumdrücken können. Nur eine offene Religion kann Intoleranz vermeiden, so wie eine offene Wissenschaft auch Raum findet für Deutungen jenseits ihrer eingeschränkten Grundlagen.

Das *existentialistische* Denken wird am besten repräsentiert durch einige Mystiker, deren Islam ganz privaten und intimen Charaker angenommen hat. In fast kierkegaardscher Manier, das heißt eben im Sinne eines religiösen Existentialismus, verhält sich der berühmte al-Halladsch, der »Märtyrer der Gottesliebe«, unmittelbar zu Gott, zu seinem Gott. Gewiß, al-Halladsch lehnt das Gesetz nicht ab, doch macht er radikal ernst mit der in Sure 2, Vers 257 dargelegten Auffassung, der Islam sei die »freiwillige«, nicht erzwungene und erzwingbare Hingabe an Gott. Sie bedarf nicht unbedingt des religiösen Kollektivs, ist vielmehr ganz auf die Existenz zugeschnittene und von ihr bewußt gewollte Existenzerhellung (Jaspers, Heidegger) aus dem Glauben heraus. Damit auch religiöse Sinngebung der Existenz. Eine übertriebene Mystik freilich, die das Ich ohne das Korrektiv des Denkens und Räsonnierens gänzlich im absoluten Geist abhanden kommen läßt, birgt wohl auch totalitäre Gefahren in sich.

Als typisch *politische* Denker sind al-Farabi und Ibn Khaldun zu sehen. Für beide ist Politik rationales Menschenwerk, das weder durch die Offenbarung vorgegeben, noch durch direktes göttliches Wirken determiniert ist. Doch auch Ibn Ruschd ist unter sie zu rechnen, hat er doch, unter anderem, auch politische Kommentare, wie etwa zur »Politeia« Platons, geschrieben. Möglicherweise ist der rationale Ansatz in der Politik das explosivste Element, das die Denker des Propheten vor tausend Jahren in den Islam eingeführt haben. Noch heute berühren ja Forderungen nach radikalen politischen und gesellschaftspolitischen Veränderungen bis hin zu echter Demokratie und wirklicher Volkssouveränität so sehr die neuralgischen Punkte in der Herrschaftsstruktur muslimischer Länder, daß die entsprechenden zeitgenössischen Denker in des Wortes wahrer Bedeutung ihres Lebens nicht mehr froh werden. Eine Entsakralisierung der Politik bedeutete darüber hinaus auch einen erheblichen Machtverlust für die *ulema*, die islamischen Schriftgelehrten. Diese sind zwar heute im allgemeinen nicht die Hauptprotagonisten des sogenannten Islamismus (er ist vornehmlich ein Produkt theologischer Laien), tun jedoch auch wenig gegen ihn, da insgesamt doch ihre Stellung in der Gesellschaft durch ihn eher gestärkt als geschwächt wird.

Wir haben wenigstens fünf Ansätze aufgezeigt, fünf sehr unterschiedliche Weisen des philosophischen Herangehens, mit deren Hilfe und auf deren Grundlage das Erbe der Denker des Propheten wieder für den Islam fruchtbar gemacht werden könnte. Nicht unbedingt dem Inhalt nach, wie gesagt, da ist vieles obsolet und unwiederbringlich Geschichte geworden. Es geht vielmehr um den Ansatz des Denkens, um die jeweilige Denkgebärde, um den philosophischen Duktus, mit dessen Hilfe man versuchen könnte, islamische Vorstellungen auf einem zeitgenössischen Niveau philosophisch zu aktualisieren, ohne den Islam insgesamt zu verwässern und seiner religiösen Substanz zu berauben. Dabei kann es keine einfache Lösung geben, vielleicht sogar nur eine Lösung, die sich selbst immer wieder überprüfen muß. Das Verhältnis von Glauben und Philosophie ist wohl seit dem Siegeszug der »materialistischen« Naturwissenschaften noch schwieriger geworden, als es das ohnehin schon immer gewesen ist. Glauben und Wissen sind zunächst einmal schwer miteinander vereinbar, gehören sozusagen verschiedenen Sphären an. Gleichwohl kann der Philosoph am Ende eines langen Denkweges zu einem rational begründbaren und begründeten religiösen Glauben gelangen oder die Religion rational auslegen, wovon die gesamte Philosophie-Geschichte zeugt, auch die jüngere im Westen. Insofern stehen sich Philosophie und Religion auch wieder nah. Es ist ein irgendwie dialektisches Spannungsverhältnis zwischen beiden. Frühere Harmonisierungsversuche haben freilich oft zu kurz gegriffen, als daß man sie einfach erfolgreich wiederholen oder kopieren könnte. Dies gilt selbstverständlich auch für den Islam. In einem Zeitalter, da alle frühere Gewißheit, auch in der Wissenschaft, der ständigen Korrigierbarkeit sowie der statistischen Wahrscheinlichkeit der Erkenntnisse zu weichen hat, muß auch immer wieder neu nach dem Verhältnis von Glauben und Wissen, von Religion und Philosophie gefragt werden. Die Philosophie ist dabei längst nicht mehr das, was sie einmal war: Königin im Reich des Geistes. Sie ist so etwas wie eine Grenzwissenschaft geworden, die alles befragen kann, was überhaupt den Anspruch auf Erkenntnis erhebt. Insoweit ist sie heute vielleicht sogar besser dran als früher. Man erwartet nicht mehr von ihr, daß sie herrsche. Ein wichtiges Gebiet für sie ist dabei der Grenzbezirk zwischen Wissenschaft und Theologie, die sie beide immer wieder zu befragen hat, nach ihren jeweiligen Voraussetzungen und nach ihren Zielen.

Es ist andererseits wohl nicht so, daß die teilweise abgrundtiefe philosophische Skepsis der heutigen Europäer schon der bewiesenen Weisheit letzter Schluß wäre. Die uns Menschen quälende, aber auch adelnde Frage nach der letzten Wahrheit, hier derjenigen der Religion, muß zwar so kritisch wie möglich behandelt werden; doch ist eine in sich selbst und ihre Destruktionskraft verliebte Kritik, die nicht mehr von einem Wahrheitsethos geleitet wird, durchaus von Übel. Der von uns so oft zitierte persische Zeitgenosse Sajjid Hussein Nasr hat einmal davon gesprochen, im Westen sei die Philosophie, die »Liebe zur Weisheit«, längst zur »Misosophie«, zum »Haß auf die Weisheit«, geworden. Daran ist etwas, obschon der Vorwurf insgesamt übertrieben ist. Hätte man zwischen der Wahrheit und dem Streben nach ihr zu entscheiden, würden heute viele die Wahrheit ablehnen und nur das Streben nach ihr behalten wollen – eine Torheit, wenn es denn so wäre. Käme die Wahrheit selbst heute auf die Erde, so würden manche westliche Philosophen, obschon im vollen Glanz ihrer Wirklichkeit, sie fragen, wo denn ihre Identitätskarte sei. Ohne sie könne man nun einmal nicht an sie glauben.

Wird der Islam, und zwar in seinem kulturellen Kernraum, nicht nur im Exil oder in der Diaspora, eines Tages seinen Kant und Hegel, seinen Kierkegaard und Bergson finden? Es ist allein Sache der Muslime, diese Frage für sich und andere zu beantworten. Solange auf den Universitäten in der islamischen Hemisphäre eine kritische Rezeption des Denkens immer unter dem Verdacht der Ketzerei oder der Machtgefährdung steht, bleibt es problematisch, auf eine Erneuerung des Denkens zu hoffen. Symptomatisch sind für diese Situation alle jene originellen Geister, die ihre Heimat längst verlassen haben oder an der Heimatfront aufreibende Grabenkämpfe bestehen müssen.

DREI FALLBEISPIELE DER ERNEUERUNG

Muhammad Arkoun, Sadiq Dschalal al-Azm,
Abdolkarim Sorusch

Sowenig es in der heutigen islamischen Hemisphäre einen
wirklichen Liberalismus gibt, so wenig existiert andererseits
ein monolithischer Islamismus. Richtig bleibt allerdings, daß
denkerische Experimente viel eher eine Angelegenheit der
Diaspora sind, das heißt im Klartext: der westlichen Welt, als
eine des *dar al-islam*. Die folgenden Fallbeispiele sollen dies
verdeutlichen. Zwei der hier kurz vorgestellten drei zeitgenössischen Denker des Propheten leben und wirken im
Ausland, der dritte muß in seiner Heimat, der Islamischen
Republik Iran, immer wieder mit Nachstellungen und Verfolgung rechnen, obschon sich die Situation in den letzten
Jahren ein wenig gebessert hat. Die drei mögen hier *pars pro*
toto behandelt sein, denn so wie ihnen ergeht es vielen.

Muhammad Arkoun ist wohl der bekannteste von ihnen.
Der 1928 in der algerischen Kabylei geborene Islam-Gelehrte
ist schon lange Professor für die Geschichte des islamischen
Denkens an der Pariser Sorbonne. Er verfaßt seine Schriften
meistens in Französisch, sie sind jedoch auch ins Arabische
übertragen worden, wodurch sie in der islamischen Welt
nicht wenig zur Polarisierung der Geister beigetragen haben.
Arkoun ist ein Islam-Gelehrter, der auf zwei Beinen steht:
Einerseits kennt er die mittelalterliche Tradition des islamischen Philosophierens auf besonders intime Weise. Andererseits ist er durch seine Studien in Frankreich mit dem westlichen Denken, vor allem mit westlichen Methoden der modernen Hermeneutik bestens vertraut. Arkoun begann mit
Studien über den mittelalterlichen Ethiker Ibn Miskawayh

(gest. 1030). Er edierte zwei von dessen Traktaten sowie das Hauptwerk »Tahdhib al-achlaq« (»Die Verbesserung der Moral«), die ethische Summe dieses Denkers in der Folge von Aristoteles' Nikomachischer Ethik. Als Folge entwirft Arkoun ein Ideal des muslimischen Intellektuellen, der einen an Wahrhaftigkeit orientierten »geistigen Kampf« (*dschihad al-nafs*) zugunsten des Islams und seiner wohlverstandenen Tradition zu führen hat. Diesem Ideal des inneren Dschihad fühlt sich auch Arkoun selbstverständlich verpflichtet.

Der intellektuelle Dschihad wird von Muhammad Arkoun in seinen »Lectures du Coran« und in den »Ouvertures sur l'Islam« in einer Weise geführt, die Islam und moderne Wissenschaften, vor allem auch die Sozialwissenschaften zu einem integrativen Konzept vereinigen will. Ziel ist eine kritische Neuinterpretation unter dem Signum einer »Kritik der islamischen Vernunft«. Der titelmäßige Anklang an Kants »Kritik der reinen Vernunft« ist mit Sicherheit gewollt. Dabei berührt Arkoun Themen, die von der Koranlesung und Exegese (*tafsir*) bis zum Integrismus, ja auch zum Orient-Bild des Westens reichen, an dem der Denker erhebliche Mängel entdeckt und anprangert. Es versteht sich, daß Arkouns Versuch, die koranische, theologische und philosophische Tradition im Islam einer exakten Sichtung zu unterziehen, bei der auch im Westen erworbene Methoden der Textdeutung eine Rolle spielen, bei Traditionalisten und Integristen nicht gerade auf Zustimmung gestoßen sind. In Algerien kam es darüber zu teilweise scharfen Polemiken gegen den Autor, der weiß, warum er schon seit Jahrzehnten in Frankreich lebt. Dies ist um so bedauerlicher, als Muhammad Arkoun sich als durchaus authentischer Muslim versteht. Alles bloß vordergründig Freidenkerische im Sinne einer nur auf Wirkung bedachten intellektuellen »kritisch-agnostischen Brillanz« geht ihm ab.

Das ist bei Sadiq Dschalal al-Azm etwas anders. Er ist wohl Agnostiker auch im westlichen Sinne des Wortes, nicht Koranwissenschaftler, sondern von Beginn an Philosoph. 1934 in Damaskus geboren, studierte er an der angesehenen Amerikanischen Universität von Beirut Philosophie. Danach lehrte er dieses Fach in Amerika, im Libanon, in Jordanien und in Damaskus. Seit 1977 wirkte er als Professor in Damaskus, nahm jedoch auch immer wieder Gastprofessuren im Ausland wahr, so in Amerika und Deutschland. Im Unterschied zu Arkoun geht al-Azm nicht von der Tradition des mittelalterlichen islamischen Rationalismus aus, die wir in diesem Werk kurz beschrieben haben (obwohl er sie natürlich kennt), sondern kompromißlos von der europäischen Aufklärung, vor allem von Kant, dessen große Werke ihn für immer geprägt haben. Die arabisch-islamische Welt befindet sich nach Auffassung des syrischen Philosophen in einer Lage, die derjenigen Europas im 18. Jahrhundert gleicht. Sie ist längst von der Säkularisierung berührt, ja sogar durchdrungen, will das aber nicht wahrhaben. Vor allem die Fundamentalisten und Integristen wollen das nicht. Al-Azm fordert nun kompromißlos Aufklärung, Trennung von Staat und Religion, religiös-weltanschauliche Privatheit – dies alles im durchaus westlichen Sinn des Wortes. Sein im Jahre 1969 publizierter Traktat »Kritik des religiösen Denkens« wurde zu einem ausgewachsenen Skandal. Der Autor lebte damals im Libanon, einem multikulturellen, multikonfessionellen und relativ toleranten Land, in dem Fragen der Religion weniger wichtig genommen wurden als anderswo in der Region. Doch auch im Libanon waren solche Forderungen zuviel. Das Buch wurde konfisziert, man entzog dem Verfasser die *venia legendi* für den Libanon. »Der ausländische Ketzer« wurde sein Spitzname. Al-Azms Aneignung des westlichen Kritizismus, besonders Kants, ist eine wertvolle Anregung für die Entwicklung einer kritischen Philosophie – auch Religionsphilosophie – im Islam, obschon durch ihren stark verwestlichten Ansatz gegenwärtig wohl ohne große Chancen. Gleichwohl hat sich der syrische Philosoph immer wieder in religiöse und weltanschauliche Kontroversen eingemischt, als deren Ziel er eine radikale Demokratisierung seiner Hemisphäre, der arabo-islamischen Welt, fordert. Wer nicht erkenne, daß die moderne Welt nun einmal von Werten der westlichen Globalisierung bestimmt werde, auch in Wissenschaft und Philosophie, werde auf dem Kehrichthaufen der Geschichte landen, schrieb er einmal. Dieser Satz gilt vor allem den islamischen Fundamentalisten, die er durchaus auf derselben Ebene ansiedelt wie die katholischen Fundamentalisten eines Bischofs Lefèbvre im Westen.

Viel näher an den textlichen Überlieferungen der klassischen Philosophie des Islams bewegt sich der zeitgenössische iranische Denker Abdolkarim Sorusch. Er versucht unter anderem eine neue und originelle Deutung der von uns nur skizzierten iranischen Philosophie, die ihren Höhepunkt bei Mulla Sadra findet. Dabei ist von besonderer Bedeutung, daß Sorusch Naturwissenschaftler ist. In Teheran studierte der 1945 geborene Gelehrte Pharmazie, dann widmete er sich der Chemie und beschäftigte sich auch mit Molekularbiologie, unter anderem in England. Erst danach begann er mit einem systematischen Studium der westlichen Philosophie, vor allem Kants und Hegels. Der Begriffsidealismus Hegels ist offenbar eine Philosophie, die vielen Orientalen besonders liegt, denn auch führende iranische Kleriker haben sich in unserer Zeit mit Hegels Werken auseinandergesetzt. Sie entdecken in diesem Denken wohl größere Ähnlichkeiten mit der islamischen Gnosis als bei anderen westlichen Autoren. Auch Karl Popper (1902–1995) hat Sorusch rezipiert, vor allem wohl wegen wissenschaftstheoretischer Fragen, die Popper im Zusammenhang mit der Erkenntnistheorie in seinen Schriften (»Logik der Forschung«) thematisiert. Von den Denkern des Propheten, die Sorusch besonders schätzt, sind hervorzuheben: al-Ghazali, Dschalal al-Din Rumi, besonders aber Mulla Sadra. Unter den zeitgenössischen Schriftgelehrten Irans war es besonders der von politischen Gegnern im Jahre 1979 ermordete Ajatollah Motahhari, dem sich Sorusch besonders verpflichtet fühlt.

Soruschs Ansatz, den Islam auf philosophische Weise neu auszulegen, Auskunft zu geben, ist schon deshalb nicht einfach, weil sein Werk bis heute Splitter und Fragment geblieben ist. Er hat kein Hauptwerk veröffentlicht, sondern sein Denken ist das häufig auch spontane Resultat von Vorlesungen und Vorträgen. Mitschriften und allenfalls einige Aufsätze geben davon spärliche Kunde. Ob Sorusch sie ungestört halten kann, oder ob man ihn an den Pranger stellt, gibt Auskunft über das jeweilige geistige Klima in der Islamischen Republik Iran. Gegenwärtig scheint es offener zu sein als in den ersten eineinhalb Jahrzehnten nach der Revolution. Doch die öffentliche Meinung ist schwer einzuschätzen, ganz abgesehen einmal von der Kaste der bestallten Religionshüter, deren Widerstand gegen solche Ansichten gewissermaßen im System beschlossen liegt.

Der Philosoph plädiert unter dem Einfluß Hegels für eine Neuschreibung der islamischen Geschichte, die zu einer neuen Definition des Begriffs der »Einheit« führen soll, des umfassendsten Begriffs im Islam überhaupt, der Gott und Welt einbezieht. Dieser wurde bisher von den schiitischen Schriftgelehrten so sehr monopolisiert und instrumentalisiert, daß ein wirklicher »islamischer Pluralismus« unmöglich wurde. Nach ihm aber strebt Sorusch, wie viele andere Reformer in der islamischen Welt, auch innerhalb des Sunnismus. Es gilt, so der Grundgedanke, zwischen *essentiellen* und nur akzidentiellen Elementen und Eigenschaften des Islams zu unterscheiden. Allzu sehr sind koranische und nachkoranische, oft einzig und allein dem Zufall oder der bloßen Willkür zu verdankende Entwicklungen im Islam bisher zusammengedacht worden, als gehörten sie sozusagen naturgesetzlich zusammen. Auf diese Weise geriet jede geistige Anregung und Neuinterpretation der Glaubenswahrheiten sogleich in den Generalverdacht von bewußter Spaltung und Ketzerei. Prophetentum, Einzigkeit Gottes (*tauhid*, Monotheismus) und Eschatologie sind die irreversiblen Essentialien des Islams. An ihnen führt kein Weg vorbei, wie reformistisch er auch sonst sein mag. Die starre Betonung der Gesetzesfrömmigkeit durch alle Formen von Fundamentalismus oder Islamismus (Integrismus) birgt nach Sorusch die allgegenwärtige Gefahr des Augendienstes und der Heuchelei, eine Versuchung, auf die nicht zuletzt auch al-Ghazali immer wieder hingewiesen hat.

Die schwierige Stellung der drei genannten Denker innerhalb ihrer zeitgenössischen islamischen Sozietät spricht für sich, es bedarf da wenig Erläuterungen. Andere »Neuerer«, die im Grunde nur zu bescheidenen Reformen anregen wollten, mußten ihren Mut sogar mit dem Leben bezahlen. Diese Fälle können der Presse entnommen werden, da sie in der islamischen wie der europäischen Welt gleichermaßen für Bestürzung sorgten. Hier schließt die islamische Welt heute leider an geistige Verfolgungen an, wie sie das christliche Mittelalter und die frühe Neuzeit in Europa viel eher kannten als der klassische Islam. Allerdings gibt es auch noch andere, ebenso unfruchtbare Phänomene: daß man die Denker des Propheten nach außen hin um apologetischer Ziele willen zwar hoch in Ehren hält, ihre Jubiläen begeht, Mausoleen einweiht, sich aber in Wirklichkeit keinen Deut um das Werk dieser Großen kümmert. Ihr Name ist wohl wichtig, nicht aber ihre teilweise schwierigen, ja unangenehmen Gedanken. Dies freilich kommt gewiß, oberflächlich wie wir Menschen oft sind, auch in vielen anderen Kulturen vor, wenn auch vielleicht aus anderen Gründen.

BIBLIOGRAPHIE – EINE AUSWAHL

Allgemeine Werke zur Einführung in die Philosophie im Islam
(Berücksichtigt nur Werke in europäischen Sprachen)

Badawi, Abdal Rahman: Histoire de la philosophie en Islam, 2 Bände, Paris 1972

De Boer, T. J.: Geschichte der Philosophie im Islam, Stuttgart 1901

Corbin, Henry: Histoire de la Philosophie Islamique, 2 vols., Paris 1964

Van Ess, Josef: Theologie und Gesellschaft im 2. und 3. Jahrhundert Hidschra. Eine Geschichte des religiösen Denkens im frühen Islam, 6 Bände, Berlin 1991–1997

Fakhry, Majid: A History of Islamic Philosophy, zuletzt: London/New York 1983

Fakhry, Majid: A Short Introduction to Muslim Philosophy, Theology and Mysticism, Oxford/Rockport 1997

Goldziher, Ignaz: Vorlesungen über den Islam, Heidelberg 1910

Leaman, Oliver: An Introduction to Medieval Islamic Philosophy, Cambridge 1985

Mahdi, Muhsin: History of Islamic Philosophy, 2 Bde., New York 1986

Nagel, Tilman: Die Festung des Glaubens. Triumph und Scheitern des islamischen Rationalismus im 11. Jahrhundert, München 1988

Nasr, S. H./Leaman, O. (ed.): History of Islamic Philosophy, 2 vols., London–New York 1996

Sharif, M. M.: A History of Muslim Philosophy, 2 Bände, Wiesbaden 1963–66

Strohmaier, Gotthard: Denker im Reich der Kalifen, Köln 1979

Watt, William M./Marmura, Michael: Der Islam II. Politische Entwicklungen und theologische Konzepte, Stuttgart 1985 (Die Religionen der Menschheit, Band 25.2)

Allgemeine Werke zur islamischen Kultur- und Geistesgeschichte

Badawi, Abd al-Rahman: La transmission de la philosophie grecque au monde arabe, Paris 1968

Brandenburg, Dietrich: Die Ärzte des Propheten. Islam und Medizin, Berlin 1992

Von Grunebaum, G. E.: Der Islam im Mittelalter, Zürich 1963

Miquel, André: Der Islam, von Mohammed bis Nasser, Essen 1975 (Original französisch »L'islam et sa civilisation«)

Rosenthal, F.: Das Fortleben der Antike im Islam, Zürich 1965

Steinschneider, Moritz: Die arabischen Übersetzungen aus dem Griechischen, Graz 1960

Ullmann, M.: Die Medizin im Islam, Leiden 1970
Wüstenfeld, Ferdinand: Geschichte der arabischen Ärzte und Naturforscher, Göttingen 1840 (Neudruck 1975)

Iranische Philosophie

Corbin, Henry: En islam iranien. 4 vols., Paris 1991
Corbin, Henry: Philosophie iranienne et Philosophie comparée, Teheran 1977
Iqbal, Muhammad: Die Entwicklung der Metaphysik in Persien (Dissertation), zuletzt: Bonn 1982
Johardelvari, Abdolamir: Iranische Philosophie von Zarathustra bis Sabzewari, Frankfurt am Main 1994
Von Wesendonk, O. G.: Das Weltbild der Iranier, München 1933
Rypka, Jan: Iranische Literaturgeschichte, Leipzig 1959

Zu Al-Farabi

Alfarabis Abhandlung »Der Musterstaat«, aus Londoner und Oxforder Handschriften herausgegeben und übertragen von Friedrich Dieterici, Leiden 1895 (Neudruck Hildesheim 1985)
Netton, I. R.: Al-Farabi and his School, London and New York 1992

Zu Ibn Sina (Avicenna)

Afnan, S. M.: Avicenna: His Life and Works. London 1958
Bloch, Ernst: Avicenna und die aristotelische Linke, Frankfurt am Main 1963
Corbin, Henry: Avicenne et le récit visionnaire, Paris et Teheran, 1954
Goichon, A.: La Philosopie d'Avicenne et son influence en Europe mediévale, Paris 1944
Strohmaier, Gotthard: Avicenna, München 1999 (dies ist seit langer Zeit die erste populäre Monographie eines islamischen Denkers in deutscher Sprache)

Zu den Lauteren Brüdern von Basra

Dieterici, Friedrich: Die Philosophie bei den Arabern im zehnten Jahrhundert n. Chr., 16 Bände, Leipzig/Berlin 1858–91 (Nachdruck 1969)
Diwald, Susanne: Arabische Philosophie und Wissenschaft in der Enzyklopädie (Kitab Ihwan as-Safa III), Die Lehre von Seele und Intellekt, Wiesbaden 1975
Nasr, S. Hussein: An Introduction to Islamic Cosmological Doctrines, Cambridge Mass. 1964

Zur islamischen Mystik

Andrae, Tor: Islamische Mystiker, Stuttgart 1960
Arberry, A. J.: Sufism, London 1950

Bock, Eleonore: Meine Augen haben dich geschaut. Mystik in den Religionen der Welt, Zürich 1991

Burckhardt, Titus: Vom Sufitum. Einführung in die Mystik des Islam, Rheinfelden 1989 (2., stark erweiterte Auflage desselben Werkes von 1953)

Corbin, Henry: Die smaragdene Vision. Der Lichtmensch im persischen Sufismus (deutsche Übersetzung des französischen Originals von Annemarie Schimmel), Köln 1993

Von Ess, Josef: Die Gedankenwelt des Harith al-Muhasibi, Bonn 1961

Nicholson, R. A.: The Mystics of Islam, London 1914 (reprinted 1979)

Nicholson, R. A.: Studies in Islamic Mysticism, Cambridge 1921

Meier, Fritz: Vom Wesen der islamischen Mystik, Basel 1943

Ritter, Hellmut: Das Meer der Seele. Mensch, Welt und Gott in den Geschichten des Fariduddin Attar, 1955 (Neudruck 1976)

Schimmel, Annemarie: Mystische Dimensionen des Islam, München 1987

Smith, Margret: Rabi'a von Basra. Heilige Frauen im Islam, Überlingen 1997

Zu al-Halladsch

Arnaldez, R.: Hallaj ou la religion de la croix, Paris, 1964

Massignon, Louis: La passion d'al-Hussein Ibn Mansur al-Hallaj, martyr mystique de l'Islam executé à Bagdad le 22 mars 1922, 4 Bände, zuletzt Paris 1980

Schimmel, Annemarie: Al-Halladsch, Märtyrer der Gottesliebe, Köln 1967

Zu Mevlana Rumi

Meyerovich, Eva.: Mevlana Djalaladdin Rumi et les dervishes tourneurs, Paris 1961

Schimmel, Annemarie: Rumi. Ich bin Wind und du bist Feuer. Leben und Werk des großen Mystikers, München 1990

Zu Omar Chajjam

Daschti, Ali: In search of Omar Khayyan, London 1964 (englische Übersetzung des persichen Originals durch Ellwell-Sutton)

Naghed, Khosro (Hrsg.): Omar Chajjam. Wie Wasser im Strom, wie Wüstenwind. Gedichte eines Mystikers (zweisprachige Ausgabe), Edition Orient 1992

Zu Organisation und Lehre der Aleviten

Birge, J. K.: The Bektashi Order of Dervishes, London 1937

Dierl, Anton Josef: Geschichte und Lehre des anatolischen Alevismus-Bektasismus, Frankfurt am Main 1985 (mit Vorsicht zu genießen!)

Gross, Erich: Das Vilâjet-Nâme des Hadschi Bektaş, Leipzig 1927 (Türkische Bibliothek, Bd. 25)

Halm, Heinz: Die islamische Gnosis. Die extreme Schia und die Alawiten, Zürich–München 1982

Zu Suhrawardi

Corbin, Henry: Les motifs zoroastriens dans la philosophie de Sohravardi, Shaykh-ol-Ishraq (ob. 587/1191). Préface de M. Pouré Davoud, Téhéran 1325/1946
Corbin, Henry: Suhrawardi d'Alep, fondateur de la doctrine illuminative (ishraq), Paris 1939

Zu Ibn al-Arabi

Affifi, A. E.: The Mystical Philosophy of Ibnu'l Arabi, Cambridge 1938
Burckhardt, Titus: Vom Sufitum. Einführung in die Mystik des Islam, zuletzt Freiburg 1989

Zu al-Ghazali

Watt, William. M.: Muslim Intellectual, London 1955
Watt, William M.: The Faith and Practice of Ghazali, London 1953
Smith, Margret: Al-Ghazali the Mystic, London 1944
Wensinck, A. J.: La pensée de Ghazali, Paris 1940

Zu Mulla Sadra

Nasr, S. Hussein: Sadr al-Din Schirazi and his Transcendent Theosophy. Background, life and works, Teheran 1978
Izutsu, Toshihiko: The Concept and Reality of Existence, Tokyo 1971

Zu Ibn Ruschd (Averroes)

Leaman, Oliver: Averroes and his Philosophy, Oxford 1988
Niewöhner, F./Sturlese, L. (Hrsg.): Averroismus im Mittelalter und in der Renaissance, Zürich 1994
Renan, Ernest: Averroes et l'averroisme, Paris 1856
Von Kügelgen, Anke: Averroes und die arabische Moderne. Ansätze zu einer Neubegründung des Rationalismus im Islam, Leiden 1994 (dort findet man eine ausführliches Literaturverzeichnis)

Ibn Khaldun

Rosenthal, Erwin: Ibn Khalduns Gedanken über den Staat, München 1932
Mahdi, Muhsin: Ibn Khaldun's Philosophy of History: A Study in the Philosophic Foundation of the Science of Culture, Chicago 1964
Simon, Heinrich: Ibn Khalduns Wissenschaft von der menschlichen Gesellschaft, Leipzig 1959

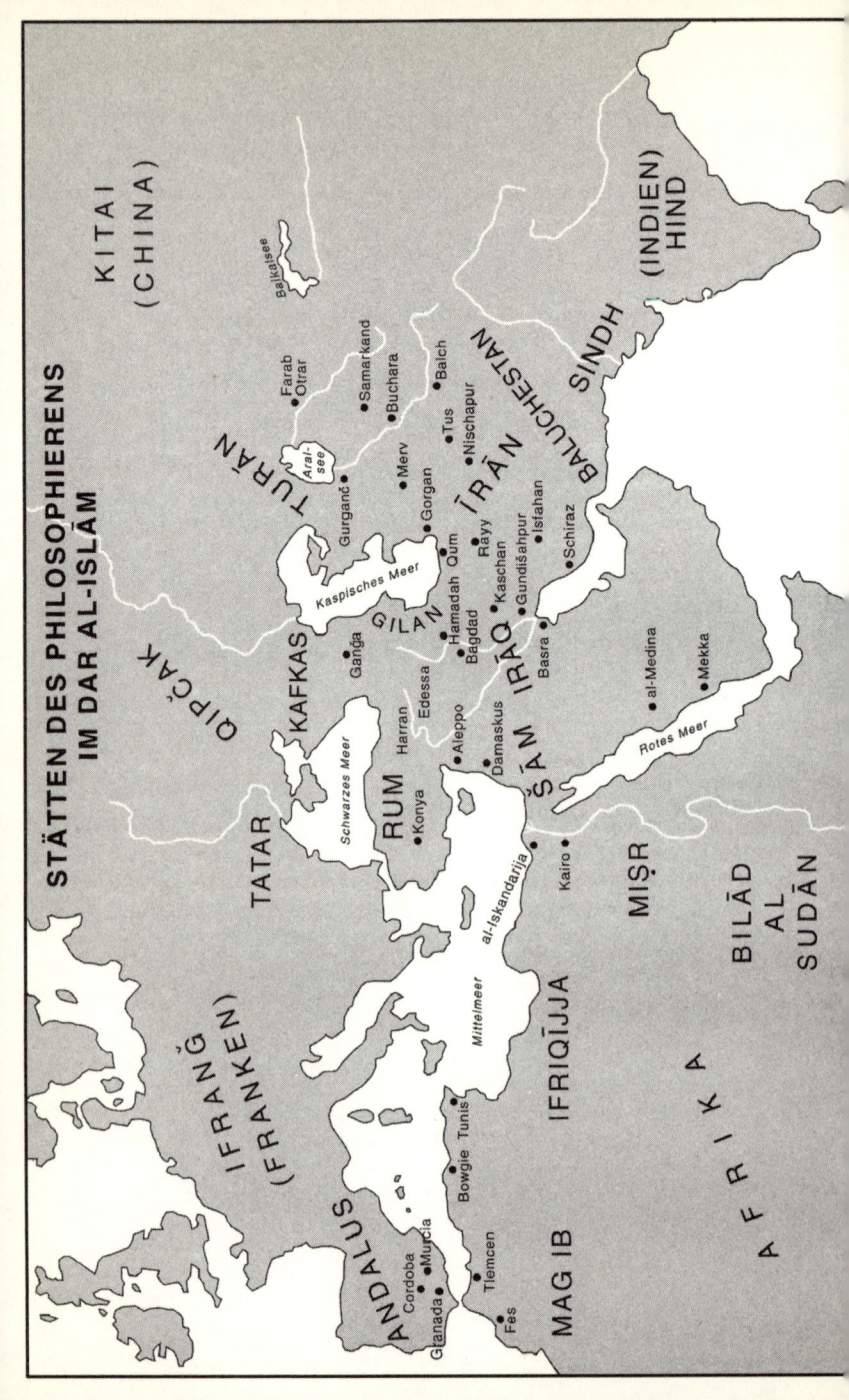

STÄTTEN DES PHILOSOPHIERENS
IM DAR AL-ISLĀM

Michael Wolffsohn

Wem gehört das Heilige Land?

Die Wurzeln des Streits zwischen Juden und Arabern. Mit 15 Karten. 304 Seiten. SP 3495

Wem gehört das Heilige Land? Die Frage ist heute aktueller als je zuvor: Machtinteressen und Vorurteile verstellen noch immer den Blick auf die Lage im Nahen Osten. Eine Auseinandersetzung mit einer so brisanten Problematik heißt allerdings, bis an die Wurzeln der Konflikte zwischen Israel und seinen Nachbarn vorzustoßen und überkommene Mythen zu zerstören. Michael Wolffsohn hat ein umfassendes Standardwerk vorgelegt, das für jede fundierte Diskussion über die politische Lage im Nahen Osten unentbehrlich ist. Nicht nur gründlich recherchiert, sondern auch leichtverständlich geschrieben, liefert das Buch die historischen Hintergründe des Streits zwischen Juden und Arabern. »Ein Buch, das man als kompetente Einführung in die Kontroverse um Palästina / Israel nur empfehlen kann.« (Schalom Ben-Chorin)

»Ein informatives, auch der Allgemeinheit zugängliches Buch, das zum Weiterdenken anregt.«
Münchner Merkur

SERIE PIPER

SERIE PIPER

Jeanne Hersch

Das philosophische Staunen

Einblicke in die Geschichte des Denkens. Aus dem Französischen von Frieda Fischer und Cejatan Freund. 354 Seiten. SP 1059

Selten zuvor haben Menschen so dringlich nach dem Sinn ihres Lebens gefragt, haben sie angesichts der Entwicklungen der Gegenwart vor so schwerwiegenden Entscheidungen gestanden. Das Bedürfnis nach philosophisch-gedanklicher Durchdringung dieser Probleme ist weit verbreitet. Es fehlen jedoch die Ausdrucksmittel, die Kenntnis möglicher philosphischer Standpunkte; es fehlt vielleicht jene geistige Beweglichkeit, die aus der Beschäftigung mit den Gedanken und Einsichten der großen Denker herrührt. Diesem Mangel versucht die Genfer Philosophin Jeanne Hersch abzuhelfen. Ihr Buch, das sich bewußt an ein philosophisch interessiertes allgemeines Publikum wendet, verfolgt drei Ziele: Es möchte mit den großen Epochen der Philosophiegeschichte bekanntmachen, die Werkzeuge philosophischer Reflexion bereitstellen: Begriffe, Denkschemata, Problemstellungen. Vor allem aber möchte es den Leser dazu bringen, das schöpferische Staunen der großen Philosophen denkend nachzuvollziehen und die Gegenwartsfragen philosophierend aufzugreifen.

Robert Levine

Eine Landkarte der Zeit
Wie Kulturen mit Zeit umgehen.
Aus dem Amerikanischen von
Christa Broermann und
Karin Schuler. 320 Seiten.
SP 2978

Um herauszufinden, wie Menschen in verschiedenen Kulturen mit der Zeit umgehen, hat Levine mit Hilfe von ungewöhnlichen Experimenten das Lebenstempo in 31 verschiedenen Ländern berechnet. Das Ergebnis ist eine höchst lebendige Theorie der verschiedenen Zeitformen und eine Antwort auf die Frage, ob ein geruhsames Leben glücklich macht.

Können Sie sich vorstellen, ohne Uhr zu leben? Können Sie auf Pünktlichkeit bei sich und anderen verzichten? Können Sie ruhig und gelassen im Stau stehen, wenn ein wichtiger Termin ansteht? Der Wissenschaftler Robert Levine hat das Verhältnis des Menschen zur Zeit in 31 verschiedenen Ländern untersucht und ebenso ausgeklügelte wie ungewöhnliche Experimente entwickelt, um die Unterschiede im Lebenstempo zu ermitteln. Dabei wird deutlich, daß das Zeitgefühl eines Kulturkreises tiefe Konsequenzen für das körperliche, seelische und soziale Wohlbefinden seiner Menschen hat. Levine beschreibt die »Uhr-Zeit« im Gegensatz zur »Natur-Zeit« – dem natürlichen Rhythmus von Sonne und Jahreszeiten – und zur »Ereignis-Zeit« – der Strukturierung der Zeit nach Ereignissen. Robert Levine glückte ein anschauliches und eindrucksvolles Porträt der Zeit, das dazu anregt, unser alltägliches Leben aus einer anderen Perspektive zu betrachten und ganz neu zu überdenken.

»Eine ausführliche und unterhaltsame Kulturgeschichte, die die Zeitmeßgeräte ebenso behandelt wie den Umgang mit Pünktlichkeit in aller Welt, die Zeit als Machtinstrument oder die Frage, wo bei aller Hektik in Europa la dolce vita geblieben sei.«
Der Spiegel

Karl R. Popper

Auf der Suche nach einer besseren Welt

Vorträge und Aufsätze aus dreißig Jahren. 282 Seiten. SP 699

Karl Raimund Popper zählt zu den bedeutendsten Philosophen dieses Jahrhunderts. Sein »kritischer Rationalismus« und seine Konzeption der »offenen Gesellschaft« haben nachhaltigen Einfluß auf die Philosophie, die Wirtschafts- und Sozialwissenschaften und auf die Politik der westlichen Welt ausgeübt – sie tun dies bis heute. Der vorliegende Band – vom Autor selbst gestaltet – versammelt zentrale Vorträge und Aufsätze Poppers aus dreißig Jahren. Die Texte faszinieren durch ihre lebendige und klare Sprache. Sie konfrontieren den Leser mit Poppers großen Themen und mit der Vielfalt seines Denkens.

»Die Textsammlung ist selbst für versierte Popper-Kenner noch anregend und aufschlußreich.«
Das Parlament

»Wer Popper wenig oder nicht gelesen hat, wird hier einen vortrefflichen Überblick über sein Denken gewinnen.«
Die Presse

Alles Leben ist Problemlösen

Über Erkenntnis, Geschichte und Politik. 336 Seiten. SP 2300

Karl Popper hat an diesem Buch bis zu seinem Tod gearbeitet. In den sechzehn Texten kommen noch einmal die großen Themen zur Sprache, die sein Lebenswerk beherrscht haben: Fragen der Erkenntnis und der Beschränktheit der Wissenschaft, der Frieden, die Freiheit, die Verantwortung der Intellektuellen, die offene Gesellschaft und ihre Feinde.

Karl R. Popper / John C. Eccles

Das Ich und sein Gehirn

Aus dem Englischen von Angela Hartung und Willy Hochkeppel, unter wissenschaftlicher Mitarbeit von Otto Creutzfeldt. 699 Seiten mit 66 Abbildungen. SP 1096

»Das Gehirn gehört dem Ich. Worin das Verdienst ihrer Hypothese liegt, haben Popper und Eccles gleich selbst trefflich formuliert: ›Sie gibt den Menschen das Empfinden für Wunder, für Mysterien und für Wert zurück.‹«
Die Zeit

Volker Spierling

Kleine Geschichte der Philosophie
50 Porträts von der Antike bis zur
Gegenwart. 374 Seiten. SP 983

Wer sich mit der Philosophie beschäftigen möchte, stellt bald fest, daß es kaum eine leichtverständliche Einführung gibt. Volker Spierlings Kleine Geschichte der Philosophie des Abendlandes füllt diese Lücke auf amüsante Weise. Sie präsentiert fünfzig der wichtigsten Philosophen von Thales bis Popper, stellt deren Denken in den Zusammenhang ihrer Lebensumstände und gibt weiterführende Hinweise zum Studium ihrer Werke. Sie setzt nichts voraus als die Bereitschaft zu freiem, spielerischem Denken und ist für junge Leser besonders gut geeignet.
»Philosophie ist für alle da. Ihre Fragen gehen jeden an, und ihre Antworten ermuntern zum Nach- und Weiterdenken, bereichern und gestalten die eigene Geisteshaltung.« Diese Überzeugung ist Volker Spierling aus seiner langjährigen Lehrtätigkeit erwachsen und liegt der »Kleinen Geschichte der Philosophie« zugrunde. Fünfzig Philosophen von der Antike bis zur Gegenwart werden vorgestellt, und es werden die zentralen Punkte ihres Denkens erläutert. Die Auswahl der Philosophen repräsentiert annähernd das gesamte Spektrum der abendländischen Philosophie.

»In der Philosophiegeschichte ist nichts aus zweiter Hand. Volker Spierling entwickelt seine Porträts aus den originalen Texten, und er will die Neugier des von speziellen Vorkenntnissen unverdorbenen Lesers auf das authentische philosophische Wort lenken.«
Albert von Schirnding,
Süddeutsche Zeitung

»Die Gliederung ist bis ins Detail übersichtlich und wohldurchdacht, die Sprache auch für den philosophischen Laien verständlich. Spierling läßt, wo es nur geht, die Philosophen selbst zu Wort kommen und hält die eigene Wertung zurück. Das macht Appetit auf mehr. Wer jetzt zum Original greifen will, findet im kommentierten Werkverzeichnis eine nützliche Orientierungshilfe.«
Bild der Wissenschaft

SERIE
PIPER